브릿지 피플(Bridge People)과
Network D&J 7가지 법칙

인맥을 디자인하라

인맥을
디자인하라

초판 1쇄 펴낸날 : 2007년 3월 28일
초판 3쇄 펴낸날 : 2010년 3월 2일

지은이 : 허은아
펴낸이 : 이금석

마케팅 : 곽순식 · 김선곤
기획 · 편집 : 김애리
디자인 : 박상순
물류지원 : 한순옥

펴낸곳 : 도서출판 무한
등록일 : 1993년 4월 2일
등록번호 : 제3-468호

주 소 : 서울시 마포구 서교동 469-19
전 화 : (02)322-6144
팩 스 : (02)325-6143
홈페이지 : www.muhan-book.co.kr
e-mail : muhan7@muhan-book.co.kr

값 : 9,500원
ISBN : 978-89-5601-172-1 (13320)

브릿지 피플(Bridge People)과
Network D&J 7가지 법칙
인맥을 디자인하라
허은아 지음

무한

Prologue

‘브릿지 피플’과 함께 하는 인맥 네트워크의 확장

　현대 사회에서 인맥은 자신의 일을 성공시키는 중요한 사회적인 수단이 되어 가고 있다. 자신의 일이 난관에 부딪힐 때, 그래서 누군가의 도움과 지원이 절실히 필요할 때, 인맥은 그러한 상황을 뚫고 나가게 해주는 핵심적인 ‘지원부대’가 될 수 있다. 따라서 자신에게 훌륭한 인맥이 있다면 그 사람은 한층 수월하고 효율적으로 자신의 사회생활을 영위해 갈 수 있는 것이다. 최근에는 ‘사이버 인맥’이라는 것도 점차 중요해지고 있는 추세다. 각종 형태의 온라인 커뮤니티를 통해서 인맥 관계를 유지하고 확대 발전시켜 나가는 사람들이 많다. 그러나 친교의 형식이 달라졌을 뿐이지, ‘사람과 사람의 관계’라는 본질적인 요소는 여전히 유효하다.

　인맥에 대한 중요성이 점점 더 높아지고 있는 상황을 반영이라도 하는 듯, 서점에는 인맥에 관한 서적이 넘쳐나고 각종 언론 매체는 어떻게 하면 보다 끈끈한 인맥을 만들 수 있는지에 대한 기사를 끊임없이 게재하고 있다. 읽어보면 모두들 일리 있는 말들이고 또한 각자의 경험과 사례에서 우러나오는 소중한 교훈들이다.

그러나 상당수 인맥에 관한 내용들은 한 가지 중요한 사실을 간과하고 있다. 그것은 꽤 본질적인 문제 중의 하나인데, 바로 인맥이라는 것이 '상호 커뮤니케이션'으로 인해 완성된다는 점이다. 인맥이라는 것은 그저 '일방적인' 의사소통의 방법으로는 도저히 이루어질 수 없는 것이다. '사랑'이 완성되기 위해 사랑의 두 당사자인 남자와 여자 모두가 합의를 해야 하는 것과 마찬가지다. 남자가 일방적으로 여자를 좋아한다든지, 혹은 그 반대의 경우라면 그것은 '사랑'이 아닌 '짝사랑'이 되고 심한 경우에는 '스토킹'이 되고 만다.

인맥도 마찬가지다. 내가 누군가와 인맥을 맺고 싶다고 해서 맺어지는 것도 아니고 또 누군가가 나와 인맥을 맺고 싶다는 프러포즈를 해와도 나는 언제든 그것을 거부할 권리가 있다. 서로가 서로에게 매력을 느꼈을 때 비로소 진정한 '인맥'이 형성되는 것이다.

그러나 인맥에 관한 다수의 담론들은 바로 이러한 상호 커뮤니케이션을 염두에 두지 않고 있으며 단순한 테크닉과 스킬을 전수하는 데 그치고 있다. 특히 인맥을 맺고 싶어 하는 당사자의 입장에서만 바라보는 경우가 있어 상대의 관점과 욕구는 크게 염두에 두지 않는 경우가 많다.

그러나 이런 방식의 테크닉과 스킬은 때로 치명적인 약점을 노출한다. 예를 들어 보자. A는 지금 절실하게 다양한 분야의 인맥이 필요하다. 자신이 성공하기 위해서 지금보다 많은 사회적 관계망을 통해서 자신의 능력을 펼쳐 보이고 싶기 때문이다. 그런 점에서 B라는 사람은 A의 그러한 필요와 욕구를 충분히 해결해 줄 수 있는 사람이다. 이렇게 보자면 B는 A가 갖지 못한 것을 분명히 가지고 있거나, 또는 분명히 더 많은 사회적, 경제적 능력을 가지고 있다고 볼 수 있다. 따라서 A가 B와 인맥을 맺기를 원하는 것은 당연하다고 할 수 있다. 인맥이라는 것이 궁극적으로 자신의 일을 보다 효율적으로 추진하기 위해서 맺는 것이라고 전제한다면, 자신보다 어떤 면에서든지 더 나은 사람과 인맥을 맺고자 하는 것은 너무도 당연한 일이기 때문이다. 자, 그럼 B는 어떨까. B도 과연 A와 인맥을 맺고 싶어 할까?

이제까지의 많은 인맥 담론들은 바로 이 B의 입장을 간과했다고 할 수 있다. A의 입장에서 아무리 '테크닉과 스킬'을 강조해도 그것을 B가 받아들이지 않으면 아무런 소용이 없다. B는 A가 행하는 몇 번의 전화 통화와 몇 번의 술자리로

'아, 그래 저 사람은 내 마음 속의 진정한 인맥이야' 라고 생각하겠는가. 정작 중요한 것은 그간의 인맥 담론들이 상대방이 과연 인맥을 맺어줄 것인지, 혹은 그렇지 않을 것인지도 모르는 상태에서 무조건 '~게 하라' 또는 '~하지 말라' 는 몇 가지 조언으로 인맥을 무리하게 맺어가려는 시도를 부추기고 있다는 사실이다.

필자는 이런 점에서 우선 기존의 '인맥 맺기' 라는 말 대신 '인맥 디자인' 이라는 말을 사용하고 있다. 앞으로 자세히 살펴보겠지만 인맥 디자인은 인맥을 맺고자 하는 상대를 충분히 고려한 방법이고 보다 자연스럽고, 부드럽게 상대와 인맥을 맺어가는 방법을 표현한 것이다. 또한 이를 통해서 기존의 인맥 맺기와 유지에 대한 전혀 다른 방법론을 제시하고자 한다.

그런데 이 인맥 디자인에는 중요한 두 가지 하부 개념이 있다. 바로 '셀프 브랜딩(Self Branding)'과 '브릿지 피플 (Bridge People)'이 그것이다. 인맥 디자인은 바로 이 두 가지 컨셉트에 의해서 궁극적으로 완성된다. 브릿지 피플은 기존에 우리가 알고 있던 '멘토'와 비슷한 개념이라고도 볼 수 있다. 하지만 실질적인 인맥 관계에서의 리더라는 점과 단순한 충고와 조언에 머물지 않는다는 점에서는 멘토를 넘어서 있는 개념이기도 하다.

우리는 이들 브릿지 피플을 통해서 가장 효과적이고 빠른 인맥을 맺어나갈 수 있다. 그들은 폭넓고 퀄리티 높은 인맥으로 다가가는 다리(Bridge)이자 대동맥이라고 할 수 있다. 호랑이 등에 타면 호랑이처럼 빨리 달릴 수 있다는 말이 있다. 자신이 호랑이처럼 빠르지 못하다면 호랑이 등에 타는 지혜가 필요하다. 이런 의미에서 브릿지 피플은 호랑이의 등에 비유할 수 있다.

'셀프 브랜딩'은 기업들의 브랜딩 과정을 자신에게 적용해 가장 매력적인 자신의 모습을 연출할 수 있는 방법을 알려주고 있다. 결국 무리한 방식의 인맥 맺기에서 벗어나 가장 유혹적인 자신의 모습을 만들고, 인맥의 아우토반이라고 할 수 있는 브릿지 피플들의 도움을 얻을 수 있다면 '인맥 디자인'은 완성된다. 이제 이렇게 확장된 인맥 네트워크는 자신의 일은 물론이고 삶 자체를 풍요롭게 만들어 주는 든든한 배경이 될 수 있을 것이다.

인맥을 가장 잘 맺어나가는 사람은 그 사람이 인맥을 위해 무슨 노력을 하는지 알지도 못하게 인맥을 맺어나가는 사람이라고 할 수 있다. 그는 하나의 자연스럽고, 조화된 디자인처럼 타인과 어울리고 그들 속으로 스며들어간다. 아무런 강요도 하지 않고 억지스럽지도 않게 상대의 도움을 이끌어내고 타인의 시선을 자신에게로 집중시킨다.

일반적인 디자인을 생각해본다면 보다 이해가 쉬울 것이다. 그 대상이 가전제품 디자인이건, 패션 디자인이건, 아니면 소품 디자인이건 간에, 뛰어나고 아름다운 디자인을 보면 무척 편하고 정감 있다. 또한 그러한 디자인들은 나름대로의 유니크한 멋이 있어 보는 이를 끌어들이는 강렬한 힘을 가지고 있다. 누구든 자신의 마음에 꼭 드는 디자인을 가진 제품을 본다면 무리를 해서라도 지갑을 열어 구매를 하곤 한다. 그리고 더할 수 없는 친밀감을 느끼고 호감을 가지게 된다. '인맥 디자인'이라는 것도 마찬가지다. 상대방에게 편한 감정을 느끼게 하고 친밀감과 호감을 이끌어 내고 자신만의 독특한 멋을 발산해 타인을 자신에게 집중시킨다.

인맥 디자인의 가장 중요한 배경이 되는 철학은 바로 '역발상'이다. 기존에 가져왔던 인맥 맺기의 방법을 버리는 것이 새로운 '인맥 디자인'을 위한 첫걸음이라고 해도 과언이 아니다. 이 책을 통해 많은 이들이 이제까지 자신이 해왔던 방식에서 벗어나 새로운 유형의 인맥을 맺어가고 또한 이를 통해서 일의 성취와 삶의 풍요를 일궈낼 수 있다면, 저자로서는 더할 수 없는 큰 기쁨일 것이다.

허은아

Contents

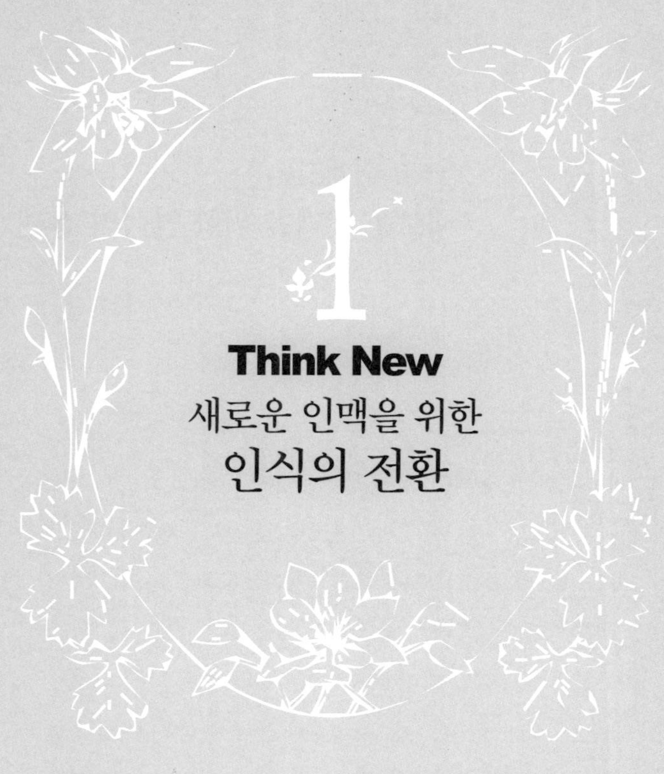

1

Think New
새로운 인맥을 위한
인식의 전환

부담스러운 인맥 '관리' : 당신이라면 관리당하고 싶은가?

- 인맥, 그 새로운 이미지
- 인맥을 위한 인맥을 버려라
- 인맥 만들기(Making)가 아니라, 인맥을 디자인(Design)하라
- 복잡계 이론과 인맥 그리고 브릿지 피플
- 디지털 인맥의 장단점

Think New
새로운 인맥을 위한 인식의 전환

부담스러운 인맥 '관리' : 당신이라면 관리당하고 싶은가?

새로운 기회는 새로운 생각에서부터 시작된다. 기존의 낡은 사고가 버티고 서 있어 장애물이 된다면 결코 새로운 기회는 다가오지 않는다. 과거 스스로가 '인맥' 이라고 불렀던 사람들이 진정 당신의 인맥일까. 혹은 당신이 그들을 '인맥' 이라고 생각하는 만큼, 그들도 당신을 '자신의 인맥' 이라고 생각할 것인가?

진정한 인맥은 그저 한두 가지의 '부탁' 을 들어주는 관계로 정의내릴 수는 없다. 인맥이 아니더라도 어느 정도 사회생활에 능숙한 사람이라면 그 정도의 부탁은 그리 어렵지 않게 들어줄 수도 있기 때문이다. 진정한 인맥은 당신이 어려움에 처했을 때, 자신의 위험을 무릅쓰고 당신을 도와줄 수 있는 사람을 의미한다. 당신에게 그러한 사람이 있는가? 만약 그런 사람을 다섯 손가락에 꼽을 수 없다면, 그간 인맥에 대한 잘못된 접근 방법과 태도, 그리고 방법론을 이용했다고 단언해도 과언이 아니다.

진정으로 강인한 인맥을 맺기 위해서는 기존의 인맥에 대한 사고를 버리고 새롭게 시작할 필요가 있다. Think New, 새롭게 사고할 때에만 새로운 기회가 다가온다. 부담스러운 인맥관리를 이제는 벗어버려라.

인맥, 그 새로운 이미지

'인맥'을 대하는 사람들의 의식은 꽤 이중적이다. 한편에서는 '파벌'이나 '연줄' 등의 부정적인 이미지를 가지고 있는 반면, 또 다른 한편에서는 자신의 성공을 위해 절대적으로 필요한 요소로 인식하고 있는 것이다. 한 구인구직업체에서 직장인 1,000명을 대상으로 설문조사를 실시한 결과, 응답자의 50% 이상이 인맥에 대해서 부정적인 이미지를 연상했다. 반면 전체의 96%에 가까운 사람들이 '성공적인 직장생활을 위해 인맥은 반드시 필요하다'고 응답했다. 이는 응답자의 절반이 '인맥'에 대해 이중적인 태도를 가지고 있다는 이야기다. 머릿속의 이미지는 부정적이면서도 실제생활에서는 반드시 필요하다고 생각하는 것은 인맥이라는 것이 뭔가 음습하고 어두운 것이라는 생각을 떨칠 수 없게 한다.

그러나 다행인 것은 젊은 층으로 내려갈수록 인맥이 보다 긍정적인 이미지를 형성하고 있다는 점이다. 20대의 젊은 층들이 아직 사회적으로 중심적인 위치에 서보지 않았기 때문에 인맥에 대한 필요성을 더욱 느낄 수 있다. 하지만 이러한 점을 감안한다고 해도 인맥에 대한 이미지가 서서히 밝아지고 있다는 것 자체를 부정할 수는 없다.

최근 '인맥'은 소위 NQ(Network Quotient, 공존지수)라는 말로 발전되어 사용되기도 한다. NQ는 '함께 사는 사람들과의 관계를 얼마나 잘 운영할 수 있는가에 대한 능력'이다. NQ가 높을수록 타인과의 의사소통 능력이 높고, 이를 기반으로 성공에 한발자국 더 다가설 수 있다고 한다. 또한 이는 '끼리끼리', '패거리'의 개념이라기보다는 '함께 잘 사는'이라는 의미가 더 강하다. 모 기관에서 대학생 432명을 설문조사한 바에 따르면, '성공을 위해 가장 중요한 지수가 무엇인가?' 하는 질문에 전체 응답자의 42%가 NQ를 꼽은 바 있다. '인맥'의 중요성에 대한 질문에도 역시 '매우 중요하다'와 '중요한 편'이라고 응답한 대학생들이 전체의 96%를 차지했다.

심지어 사회생활을 하는 데 있어서 제일 중요한 것은 '능력'이라고 말하는 사람들조차도 결코 인맥의 중요성을 간과하지 않고 있다. 결국 자신이 아무리 뛰어난 능력을 가지고 있다 하더라도 그 능력을 더욱 빛나게 만들어 주는 사람들이 바로 '인맥'임을 무시하지 못하는 것이기 때문이다. 특히 점점 더 경쟁이 심해지는 요즘과 같은 상황에서는 인맥의 역할이 더욱 중요하게 부각될 수밖에 없다. 예를 들어 최근 몇 년 사이 눈부시게 변화하고 있는 공기업을 살펴보자. 연공서열이 파괴된 지금의 상황에서 승진을 위해서 가장 중요한 것은 본인 자체의 능력이기도 하지만, 이른바 '다면 평가'로 불리는 동료 및 선후배들의 평가도 중요하다. 인맥을 기초로 하는 이러한 다면평가를 무시한다면 그는 더 이상 승진을 하기 힘들 것이다. 이러한 변화의 바람은 사기업에서 더욱 격화되고 있으며 명령을 통해 움직이는 군대에서조차도 결코 예외는 아니다. 그들에게도 인맥관리는 자신의 삶을 발전시킬 수 있는 중요한 계기가 되고 있는 것이다.

따라서 우리는 우리가 가지고 있는 인맥에 대한 부정적인 이미지 자체를 완전히 바꿀 필요가 있다. 이성적으로는 부정하면서도 심리적으로는 그것을 원하는 괴리된 상태가 아니라, 보다 면밀하고 합리적으로 인맥의 필요성을 따져볼 필요가 있는 것이다. 우리 스스로 인맥을 부정적으로 생각하고 있으면서 그것을 추구한다는 것은 우스꽝스러울 수밖에 없다. 또한 인맥에 대해서 긍정적으로 생각하는 사람이라고 하더라도 한번 더 인맥의 본질적인 의미와 그 긍정성에 대해서 짚어보고 넘어갈 필요가 있다.

인맥은 위기관리다

인생에서 가장 중요한 시기는 바로 위기가 닥쳤을 때이다. 그 위기를 새로운 기회로 만들 것인가, 아니면 주어진 위기에서 탈출하지 못해 실패로 치달을 것인가 하는 것은 한 개인의 인생에 있어서 절체절명의 과제라고 할 수 있다. 바로 이러한 위기의 순간에 자신을 위해 '생명의 동아줄'을 내려줄 수 있는 사람들이 바로 자신의 인맥이다. 이 점이 바로 한 사람의 위기관리에서 인맥의 역할이 어느 정도인지를 적나라하게 보여준다고 할 수 있다.

모 대기업에서는 이른바 '지인 관리 프로그램'이라는 것을 운영하고 있다. 가족이나 친구, 선후배, 친인척 가운데 정·재계, 언론, 법조계에 근무하고 있는 사람들을 보고하고 관리하는 프로그램이다.

기업에 문제가 생겨 위기의 상태에 처했을 때 전 직원이 자신의 인맥, 지인을 동원해 그 위험이 새로운 기회가 될 수 있도록 나서게 하겠다는 의미다. 이러한 위기관리는 개인에게 있어서도 마찬가지다. 자신과 알고 있던 수많은 사람들이 자신의 위기에 대해 조언과 충고를 마다하지 않고 새로운 방법과 기회를 제시해줄 때 그는 보다 쉽고 빠르게 위기를 관리하고 그곳에서 탈출할 수 있게 된다. 자신에게 위기가 닥쳤을 때 이를 이겨내고자 하는 것은 인간의 가장 기본적인 본능이고, 이를 위해 타인의 도움을 받는 것은 어쩌면 매우 자연스러운 일이다.

'위기'라는 것 그 자체가 자신의 힘으로 이겨낼 수 없는 상태에 처한 상황을 지칭하는 것이기 때문이다. 스스로 타인의 도움 없이도 견딜 수 있는 것을 '위기'라고 칭하는 것은 지나친 '엄살'이다. 결국 위기라는 것 자체가 이미 '타인의 도움'을 전제하고 있다고 할 수 있다. 누구에게나 위기가 있듯이, 또한 위기에 빠진 사람이라면 그 누구든지 인맥의 도움을 받는 것은 당연한 권리일 것이다.

현대 사회를 '지식정보화 사회'라고 부르는 이유는 그만큼 지식과 정보가 중요하기 때문일 것이다. 그런데 보다 중요한 사실은 과연 그러한 지식과 정보를 어디서 얻느냐 하는 점이다. 일반적으로는 책과 인터넷, 그리고 신문이나 잡지를 통해서 얻으면 되지 않겠냐고 말할 수 있다. 그러나 안타깝게도 이미 세상 사람 모두에게 공표된 지식과 정보는 큰 의미가 없다. '모두들 다 알고 있는 지식과 정보를 나도 알고 있다'는 것에는 그 어떤 특이성과 차별화도 존재하지 않기 때문이다. 결국 보석같이 빛나는 지식과 정보는 사람에게서 나오게 마련이다. 또한 실제로 중요한 정보는 언론과 책, 그리고 인터넷에는 없다고 말하는 사람들도 있다. 한 대기업 홍보 담당자는 이렇게 이야기하고 있다.

"솔직히 언론에 나오는 내용들은 관련 업계에서는 이미 다 알고 난 뒤의 이야기들인 경우가 많다. 그리고 대중들에게 편하게 알릴 수 있는 내용들, 즉 완전히 검증이 가능한 이야기인 경우가 태반이다. 그러나 진짜 업계를 좌지우지하는 중요한 정보들은 거의 언론에 나지 않는다. 비록 완전히 검증되지는 않았다고 하더라도 때로는 그렇게 검증할 수 없기 때문에 핵심적인 정보가 되는 것이다. 따라서 정보를 언론에만 의존하는 것은 코끼리의 코만 잡고 코끼리를 봤다고 하는 말과 비슷하다고 할 수 있다."

그 역시 정말로 중요한 정보는 사람들로부터 얻는다고 했다. 지식의 경우도 마찬가지다. 책을 통해서 수없이 많고 다양한 교양과 지식을 얻을 수 있는 것은 사실이지만, 현실적이면서도 바로 적용이 가능한 진정한 지식은 바로 사람으로부터 나온다는 이야기다. 막연한 추상론은 지식으로서의 가치가 없고 실제 경험자의 '리얼한' 경험담이 아니면 그 응용 가능성도 상당히 좁아질 수밖에 없다. 즉 우리가 알고자 하는 지식은 현실에 바로 적용될 수 있는 지식, 그리고 이미 그것을 경험해본 자들의 후기가 가미된 지식이라고 할 수 있다. 그래야만 제대로 활용될 수 있는 지식으로서의 위상을 충분히 가질 수 있기 때문이다. 이런 점에서 인맥은 언론과 책을 앞서가는 중요한 지식과 정보의 망이다. 혼자의 힘으로 모든 것을 할 수 있는 '슈퍼맨'이 아닌 이상 타인과의 관계에서 자신의 지식과 정보를 보다 강화시켜 나가는 일 역시 필수적이라고 할 수 있다.

그러나 인맥을 이렇게 실용적인 측면에서만 정의할 수는 없다. 타인과의 만남, 특히 타 업종에 종사하는 사람들과의 만남과 커뮤니케이션은 한 사람이 가지고 있는 세계관 자체를 풍성하게 해주는 역할을 하기 때문이다. 세계관이란 한 사람이 세상의 여러 가지 것들을 바라보는 시선, 혹은 인식과 판단의 여러 가지 기준점들이 총체적으로 모인 것이라고 할 수 있다. 따라서 비슷한 환경의 사람, 그리고 동종 업종의 사람들은 비슷한 세계관을 가지고 있을 수밖에 없다.

그러나 다른 분야의 사람들과 의견을 나누다 보면 편협하거나, 혹은 오류에 빠져있는 자신의 세계관에서 벗어날 수 있다.

이렇게 확장된 세계관은 자기 자신의 교양은 물론이고 보다 성숙한 인격으로 성장해 갈 수 있는 토대가 된다. 흔히 사람들은 인맥을 맺을 때 그 사람이 가지고 있는 외부적인 것들, 즉 능력이나 사회적인 배경만을 본다고 생각하지만, 실제로 이 사회에서 높은 위치를 점하고 있는 사람들은 능력이나 배경보다는 오히려 인격적인 면을 우선시하는 경향이 강하다. 아무리 다른 것들이 뛰어나다고 하더라도 인격적으로 미성숙한 사람은 결국에는 실패할 수밖에 없다는 신념이 강하기 때문이다.

따라서 자신의 세계관을 확장하고 인격을 성숙시켜 줄 수 있는 사람들과의 만남은 단순히 눈앞의 이익을 가져다 주느냐, 그렇지 않느냐 하는 잣대로 판단할 수 없다.

이러한 점에서 본다면 인맥은 우리가 생각하는 것보다 훨씬 중요한 역할을 하고 있다. 유유상종(類類相從)이라는 말은 인맥의 이러한 성격을 잘 표현해주고 있다. 사람은 서로 비슷한 사람들끼리 만나지만 또 서로 만나면서 비슷해지기도 한다. 깡패를 친구를 둔 사람은 스스로도 깡패의 기질과 그들만의 습성을 가지게 마련이고, 고급스럽고 인간적인 교양미를 갖춘 사람을 만나다 보면 또 자연스럽게 그렇게 변해가게 된다.

'인간은 사회적인 동물'이라는 말에 비추어 본다면 인맥은 더 이상 부정적인 것이 아니다. 오히려 많은 사람들과 인맥을 맺고 그 사이에서 서로 영향을 주고받는 것은 오히려 인간의 본성에 가장 합당한 것이라고까지 할 수 있다.

인맥에 관해서 무엇보다 중요한 것은 그것이 바로 '행복'을 위한 일종의 노력이자 사회적인 활동이라는 점이다. 사람의 행복에는 여러 가지가 있지만 좋은 사람들과의 관계는 수명을 연장시켜줄 수 있을 정도의 강력한 힘을 가지고 있다. 이는 실질적인 조사에 의해서도 드러나고 있다. 국내 장수자들을 조사해보면 사교활동이 활발한 노인들이 고독한 노인들에 비해 사망률이 50%나 낮았던 것이다. 물론 우리가 이야기하는 '인맥'과 '사교'는 약간 다른 개념이기는 하지만 사람과의 행복하고 즐거운 관계가 얼마나 큰 영향을 미치는지를 잘 보여주고 있다. 인맥은 단기적으로는 자신의 위기관리이기도 하고 지식과 정보의 소통망이 되기도 하고 자신의 세계관을 더욱 확장시켜주는 풍부한 경험이기도 하다. 하지만 이 모든 것이 결국에는 자신과 타인과의 좋은 관계를 유지하는 데 도움이 되고 이를 통해 보다 큰 행복을 추구하는 방법이 되는 것이다.

앞서 인맥과 사교가 약간 다른 개념이라고 했지만 또한 궁극적으로 인맥과 사교는 적절하게 혼합되어야 할 대상이기도 하다. 가장 이상적인 형태의 인맥은 단지 무언가의 도움을 얻기 위한 목표 추구형 인간관계뿐만 아니라 즐거운 사교의 개념이 섞여있는 인간관계가 되어야 한다는 것이다. 연인 사이에 소위 '궁합'이라는 것이 있듯이 동성관계에서도 궁합, 혹은 코드라고 불리는 것들이 존재한다. 궁합과 코드는 서로 같은 성향이나 같은 취미에서, 혹은 비슷한 환경에서 일치하는 경우가 많다. 그리고 이렇게 코드가 맞는 사람들끼리는 만나게 되면 시간 가는 줄 모르게 즐거운 경우가 많다. 만남이 즐거운 사람들끼리는 함께 취미를 나누는 것도 즐겁고 비즈니스를 하는 것도 즐거울 수밖에 없다. 더불어 자신이 도움을 주면서도 스스로 행복해지는 것이 바로 이런 사람들과의 관계이기도 하다. 우리는 인맥을 통해서 '남이 나를 도와주었으면 좋겠다'고 생각하지만 오히려 그 상대가 나를 도와주면서 즐거워한다면 그 이상 원할 것이 없을 것이다. 따라서 좋은 인맥을 통한 상호관계는 자신과 타인의 삶 자체를 풍성하고 행복하게 만들어 줄 것이다.

우리는 이제까지 인맥에 대한 몇 가지 정의를 살펴봤다. 자기 스스로 인맥의 긍정성에 대해 명확하게 인식하게 되면 보다 실천적인 노력을 기울일 수 있고 더불어 그 효과도 극대화된다.

인맥을 위한 인맥을 버려라

'인맥'을 맺어가고자 하는 많은 사람들에게는 일종의 공통된 시선이 하나가 있다. 그것은 바로 인맥 자체를 자신의 성공을 위한 하나의 수단으로 본다는 점이다. 물론 일견 인맥에 대한 이러한 접근이 전혀 틀렸다고만 볼 수는 없다. 사람은 누구나가 자신에게 도움이 되지 않는 일이면 그에 대한 노력 자체를 많이 기울이지 않기 때문이다.

한번 이렇게 질문해보자.

'당신은 왜 인맥을 맺으려 하는가?'

이는 인맥에 대한 매우 본질적인 질문 중의 하나이다. 물론 이러한 질문은 너무도 뻔한 것인지도 모른다. 아마도 대부분의 사람들은 '어려울 때 도움을 얻기 위해' 혹은 '지금 내가 하고 있는 일이 더 잘, 더 부드럽게 되도록' 하기 위해 인맥이 필요하다고 할 것이다. 이러한 기본적인 생각의 배후에는 인맥 자체를 '활용'과 '이용'의 개념으로 바라보는 시선이 존재하고 있다. 또한 '좋은 인맥이란 무엇인가?' 라고 물었을 때도 비슷한 대답이 되돌아온다. 아마도 거의 대부분의 사람들이 '나를 도와주는 사람', '나를 이끌어 주는 사람', '어려울 때 힘이 되는 사람' 이라고 말할 것이다. 이러한 대답의 배경에도 마찬가지의 생각이 자리 잡고 있다. 지극히 '자신의 입장' 이 반영되어 있다. '나를', '나를 위해서', '내가 어려울 때' 라는 말 자체가 이미 그렇다.

이제 우리는 많은 사람들이 가지고 있는 '인맥' 이라는 것의 실질적인 배경이 되는 생각을 알 수 있었다. 대부분의 사람들은 인맥을 활용하거나 이용하기 위해서 맺어나가고 있으며 또한 그 주체는 바로 자기 자신이다. 그러나 가만히 생각해보면 이는 지극히 주관적인 견해에 불과하다.

누군가 자신을 위해서 뭔가 해주기를 바란다는 것은 생각만 가능하지 현실에서 그렇게 쉬운 일만은 아니다. 이런 식의 생각을 가지고 있는 사람들은 자신의 인맥을 넓히거나 공고히 하기 힘든 부류라고 단정할 수 있다.

따라서 우리는 '인맥'이라는 것에 접근하기 위한 태도를 재고해봐야 한다. 불교는 중생들이 부처가 되기 위한 여러 가지 수행의 길과 도를 정의하는 종교이다. 불교의 궁극적인 목적은 수행하는 자 스스로가 바로 '부처'가 되는 것이다. 그렇게 해야만 해탈을 할 수 있고 이를 통해 고통이 없는 영원한 세상으로의 진입을 꾀할 수 있다. 그러나 이런 말이 있다.

'수행의 과정에서 부처를 만나면 부처를 죽여라.'

부처가 되기 위한 길에서 부처를 만났는데 왜 부처를 죽이라는 것일까. 그것은 수행을 하는 과정에서 만난 '부처'라는 그 대단한 존재가 내가 부처가 되는 길을 막는다는 의미다. 비록 부처를 목적으로 하고는 있지만 '과연 내가 부처가 될 수 있을까'라는 그러한 의구심이 오히려 부처가 될 수 있는 길을 방해하기 때문이다.

이는 인맥에 대해서도 그대로 적용할 수 있다. 최종적인 과정에서 인맥의 가치는 분명히 어떤 '활용과 이득'으로 돌아올 수 있다. 그러나 그러한 활용과 이득을 염두에 두고 있다면 진정한 인맥 관계는 불가능하다고 할 수 있다. 오히려 우리는 활용과 이득에 대한 모든 생각을 버리고 순수한 마음 그 자체로 인맥을 맺어가야 한다. 부처를 만나면 부처를 죽여야 하듯이 인맥을 맺는 과정에서 인맥에 대한 기존의 개념을 완전히 없애버려야 한다는 것이다.

자기중심적인 사람을 좋아하고, 그러한 사람과 인맥을 맺으려는 사람은 아무도 없다. 그것은 아마 독자 스스로도 그럴 것이다. 누군가가 당신에게 접근할 때 '이 사람으로 하여금 나를 돕게 하고, 이 사람을 활용해서 내가 이득을 얻어 보겠다' 라는 태도가 보인다면 과연 당신은 그 사람을 당신의 인맥으로 허락할 것인가.

인맥에 대해서는 보다 순수한 태도의 접근이 필요하다. 무언가를 얻겠다는 태도 자체가 인맥 맺기를 방해하고 있기 때문이다.

앞서 인맥의 정의와 그 긍정성을 살펴보았지만, 인맥을 버리기란 쉽지 않다. 이미 우리는 상당수 인맥이라는 것 자체에 대해서 오해하고 있는 경우가 많기 때문이다. 인맥을 부정적으로 생각하는 사람들은 궁극적으로 인맥 자체에 대해서 오해를 하고 있는 것에서 비롯된다. 뿐만 아니라 인맥에 대한 오해는 정상적이고 건강한 인맥을 맺어나가는 것을 방해하는 경우가 많다. 대상에 대한 판단과 인식 자체가 잘못되어 있으면 그에 대한 접근 방법도 잘못될 수밖에 없기 때문이다. 간단하게 우리가 오해하고 있는 부분을 간추려 보았으니 새로운 시도에 도움이 되길 바란다.

인맥은 '좋은 환경'의 사람들만이 갖는다?

일반적으로 '인맥'이라는 것이 꼭 좋은 환경에서 태어나고 자란 사람들이나 갖는 고급스러운 인간관계라고 생각하는 사람들도 있다. 이는 언론의 영향도 크다. 많은 신문 지면에서는 '서울대 인맥', '삼성 인맥' 등을 거론하면서 마치 이 사회의 특권층만이 강력한 인맥을 형성하고 있다는 이미지를 주기도 하기 때문이다. 그러나 인맥은 그렇게 좋은 학교를 나오고 좋은 회사에 다니는 것만으로 형성되는 것은 아니다. 자신의 처지에서 자신과 삶을 나누고 서로 진심으로 도움을 주고받을 수 있으면 그것이 바로 자신의 가장 중요한 인맥이 될 수 있는 것이다.

그렇다면 생각을 바꿔 '자신에게 가장 가까운 인맥은 무엇일까?' 하고 생각해보자. 과연 누구일까. 그것은 당연히 가족이다. 일부 사람들은 자신들의 가족을 '인맥'의 개념에서 제외하는 경우가 많은데, 그것 역시 인맥에 대한 오해에서부터 비롯된 것이다. 세상에 '피와 살'을 함께 나눈 '혈육(血肉)'보

다 더 가까운 사람들이 어디 있겠는가. 비록 가족 중의 누군가
가 큰 권력을 가지고 있지 않고 자신에게 도움을 줄 수 있는
가시적인 무언가가 없다고 하더라도, 가족들은 죽을 때까지
자신을 지지하고 배려하고 도움을 줄 사람들이다. 가족 간의
인맥조차 제대로 관리하지 못하는 사람들이 밖에서 인맥을 잘
맺어갈 리 없다. '피와 살'로 맺어진 관계도 제대로 관리하지
못하는데 아무런 관계도 아니었던 사람을 관리한다는 게 어디
쉬운 일인가?

　인맥은 '힘 없는 나'가 '힘 있는 누군가'를 만나는 것이 아
니라 '나와 누군가가 함께 힘을 만들어 가는 과정'이다. 비록
별 것 없어 보이는 내 옆자리의 동료도 나의 훌륭한 인맥이 될
수 있다. 그리고 그렇게 사소한 인맥부터 잘 맺어나가야 언젠
가는 본인이 생각하는 '큰 인맥'도 맺어나갈 수 있게 되는 것
이다.

인맥은 '안 되는 것을 되게 하는 빽'이다?

　인맥에 관한 가장 큰 오해가 있다면 그것은 바로 인맥을
'빽'이라고 믿는 것이다. 보통 빽을 들먹이는 순간은 언제나
자신이 곤경에 처했을 경우다. 그런데 문제는 그러한 류의

'곤경'이라는 것이 대부분 불법적인 일이거나 혹은 도저히 정상적인 방법으로 문제해결이 안 될 때라는 점이다. 따라서 '빽'은 마치 안 되는 것을 되게 하는 것으로 잘못 인식되는 경우가 많다. 하지만 정상적인 사회 생활에서의 인맥은 결코 빽이 될 수 없다. 설혹 빽이 될 수 있다고 하더라도 상대가 한두 번 어쩔 수 없이 부탁을 들어주는 것일 뿐 지속적인 관계로 확대 발전될 수 없다는 이야기다. 인맥은 자신의 문제를 '해결'하는 것이 아니라 보다 효율적이고 여유롭게, 그리고 능수능란하게 처리할 수 있는 하나의 방법론이라고 봐야 한다.

인맥은 '패거리'다?

인맥에 관한 두 번째 오해는 사람들 간의 인맥을 일종의 패거리 '문화'로 인식하는 경우다. 물론 겉으로 스스로가 패거리임을 자인하는 사람은 없겠지만 은연중에, 그리고 자신도 알지 못하는 가운데 '패거리 의식'이 형성되곤 한다. 이럴 때 나타나는 가장 특징적인 현상 중의 하나는 바로 타인에 대해서 열린 마음을 갖지 못하고 폐쇄적인 집단의 특성을 보인다는 것이다. 그들로서는 일종의 단단한 인간관계라고

자인하겠지만 남들이 봤을 때는 그것과는 정반대로 보일 수 있다.

이러한 패거리 의식은 특히 직장에서 두드러지게 나타난다. 자신의 업적과 실력이 상사, 혹은 일부 동료의 평가에 의해서 좌우되거나 혹은 상호 연계되어 있는 경우 일종의 패거리 의식을 조장해 경쟁자에 대해 공격적인 반응을 보이기도 한다. 물론 서로에게는 호의적인 반응을 보이기 때문에 단지 당사자들만이 '인맥'이라고 생각할 뿐이다.

그러나 이러한 패거리 의식이 있는 인맥 관계를 형성했을 때, 그 가장 큰 피해는 본인 스스로가 본다고 할 수 있다. 일단 본인에 대한 외부의 시선이 고울 리 없다. 따라서 새로운 인맥을 맺어가려고 할 때 큰 장애물이 되고 자신이 원하지 않는 왜곡된 이미지가 형성되어 기존의 인맥도 의도적으로 그를 도외시할 수 있다는 점이다. 좋은 인맥의 가장 큰 특징은 열려 있어야 한다는 점이다. 원하면 누구든 교제를 할 수 있고 서로 소개를 시켜주고 또 도움이 될 수 있도록 배려해 주어야 한다는 것이다.

인맥 만들기(Making)가 아니라,
인맥을 디자인(Design)하라

앞서 살펴보았듯이 '인맥 디자인' 이란 단순한 '인맥 만들기(making)' 에 그치지 않는다. 인맥 만들기는 상당히 수동적이고 때론 기계적인 느낌을 준다. 또한 대부분의 인맥에 관련된 서적 역시 이런 수동적이고 기계적인 인맥 형성에 초점을 맞추고 있는 것이 사실이다.

그렇다면 이러한 방식의 인맥 형성이 왜 문제가 되는지를 알고 넘어가도록 하자. 다음은 많은 사람들이 인맥 맺기의 한 방법이라고 생각하는 평범한 명제들이다. 이 명제들은 과연 올바른 것들일까?

<기존의 인맥 관리에 대한 몇 가지 반론>

■ 상대를 만나기 전에 미리 정보를 파악하라?

성실한 준비자세는 나쁘지 않지만 자칫하면 상대방에게 불쾌감을 줄 수도 있다. '용의주도하고 집요하게' 자신을 파악하고 모든 것을 준비하고 나왔다는 인상은 상대방에게 '뭔가 목적한 바가 있는 것이 아닌가?' 라는 의구심을 들게 하기 때문이다. 실제 필자의 한 지인은 처음 만남인데도 불구하고 자신에 대해서 너무 많은 것을 알고 있는 사람에 대해서 경계의 눈빛을 보낸 적도 있었다.

■ 다양한 모임을 통해 교제의 폭을 넓혀라?

인맥을 확장하기 위해서는 당연한 말처럼 들리기도 한다. 하지만 '선택과 집중'을 실현해 내지 못하는 무차별적인 만남은 '인맥'으로서의 의미가 없어지고 만

다. '폭'을 넓히는 것은 중요하지만 거기에 '깊이'가 없
다면 그저 '오지랖 넓은 사람'이라는 평가에 그치고 말
것이다.

■ 자주 만나 서로를 파악하라?

인맥을 위해서는 자주 만나는 것이 무엇보다 중요하
다. 하지만 현실적으로 바쁜 생활을 하고 있는 상황에
서 자주 만나는 것이 과연 가능한 일인가. 친한 친구들
도 자주 만나지 못하는 상황에서 처음 인맥을 맺어나가
려는 사람과 자주 만나는 것은 거의 불가능하다고 해도
과언이 아니다. 자주 만나기 위해 자주 연락을 하고 약
속을 잡으려고 하면 오히려 상대에게 부담감만 안겨줄
뿐이다.

■ 정기적으로 전화를 걸어 안부를 물어라?

이 말도 바로 위의 명제와 비슷하다고 할 수 있다.

보험설계사들이 자주 보내는 문자도 짜증을 내는 경우가 많은데 자주 전화를 걸어 안부를 묻는 것도 의미가 없다. 특히 서로 허물없는 관계가 되었다고 하더라도 지나친 안부 전화는 짜증을 유발하는 요소가 될 수도 있다.

■ 인맥은 'Give and Take'다?

이 말도 표면적으로 맞는 말처럼 보이기도 한다. 인간관계에서 '주고받는' 것이 없는 관계는 따지고 보면 아무런 관계도 아니기 때문이다. '인맥'이라고 하면 당연히 무언가를 서로 주고받는다. 하지만 계산에 따른 정확한 'Give and Take'는 오히려 깊은 인맥을 맺어가는 데 방해 요소가 되기도 한다.

위와 같은 일반적인 인맥 만들기(making)의 방법론을 부정한다면 도대체 어떻게 인맥을 맺으라는 이야기냐? 하는 질문을 할 수 있다. 그에 대한 자세한 사항은 다음 챕터에서부터 차근 차근 설명을 할 것이다. 현재 단계에서 중요한 것은 '인맥'에 대한 개념과 그 방법론을 새로운 시각에서 보자는 것이다.

앞서 필자는 인맥에 관해 만들지(making) 말고 디자인(design)을 하자고 했다. 과연 그렇다면 디자인의 기능이란 무엇일까? 일반적으로 디자인은 하나의 상품을 소비자에게 팔리게끔 하는 미적 요소라고 할 수 있다. 특히 자본주의가 고도화될수록 상품에 있어 디자인의 역할은 더욱 중요해지고 있다. 같은 상품이라고 하더라도 소비자의 욕구에 꼭 맞는 디자인은 날개돋힌 듯 팔려나가기도 하고 그렇지 못한 상품은 창고에 쌓여 있기도 한다. 중요한 사실은 이 두 가지 제품의 기능이나 성능이 모두 동일하다는 사실이다. 이제 디자인은 제품 구성의 부가적인 요소가 아닌 '필수적인 사항'이 되고 있다. 아니, 이제는 디자인이 제품의 생명을 좌지우지하기도 한다.

인맥 관계에서도 마찬가지다. 동일한 능력을 가지고 있다 하더라도 상대방에게 어떻게 보이는가 하는 것이 관계 형성에 있어서 결정적인 요인으로 작용하기도 한다. 실제로는 능력이 조금 떨어짐에도 불구하고 능력 이상으로 많은 인맥을 갖추고 있는 사람들도 간혹 볼 수 있다. 이는 자신을 디자인하는 실력이 뛰어나기 때문이다. 마치 동일한 상품이라고 하더라도 디자인이 우수한 제품이 더 잘 팔리는 것과 같은 맥락이다.

인맥과 디자인을 연결시킬 수 있는 두 번째 맥락은 바로 디자인 자체가 사람과 전체적인 '조화'를 이룬다는 점이다. 이는 앞서 언급했던 기계적이고 수동적인 '만들기(making)'의 개념과는 사뭇 다르다고 할 수 있다. 휴대폰이든, 노트북이든, 아니면 세탁기든 간에 그 디자인을 잘 살펴보면 잘 팔리는 제품은 전체적인 조화가 이루어져 있다. 색깔, 로고 그리고 버튼들이 모두 제 각각인 듯 보이기도 하지만 하나가 통일된 모습을 보여주고 있다는 것이다. 이는 사람과의 관계에서도 마찬가지이다. 인맥을 잘 가꾸는 사람은 그의 인맥 네트워크와 자연스러운 조화를 이루고 있다. 결코 그들에게 자주 전화를 걸어 부담스럽게 만들지도 않고, 빈번하게 식사를 하자고 조르지도 않는다. 또한 'Give and Take'와 같은 '받기 위해 주고, 받았으면 반드시 주는' 억지스러움도 없다. 그저 그들과 자연스럽게 어울리고 그 과정에서 탄탄하고 강인한 인맥 관계가 형성되는 것이다.

또한 디자인은 꽤 과학적이고 보다 치밀한 전략을 가지고 있다. 최근 소비자들이 좋아하는 트렌드가 과연 무엇인지, 그리고 무슨 색깔을 좋아하고 어떤 형태의 라인을 좋아하는지를 정확하게 계산하고 명확하게 제시하고 있다. 'making'을 하지 말라는 것이 결코 치밀한 전략을 갖지 말라는 이야기는 아니다. 그 기계적이고 수동적인, 그리고 억지스러운 면을 없애자는 것이 궁극적인 의미다. 오히려 인맥 디자인의 개념은 기존의 인맥 네트워크 방법론보다 더 치밀하고 더 계산적이다. 다만 그것이 보다 자연스럽게 보이게 하고 전체적으로 조화를 이룰 수 있는 개념인 것이다.

보다 본질적인 문제는 인맥이란 만들고 싶다고 만들어지는 것이 아니라는 사실을 깨달아야 한다는 점이다. 본인이 원해서, 그리고 그 인맥을 위한 '특정한 방법론'이 있다는 것 자체가 지나치게 무리한 이야기일지도 모른다. 천차만별의 개성과 사고를 가지고 있는 사람들에게 동일한 방법론을 적용하는 것도 쉬운 일은 아니다. 따라서 새로운 인맥 형성 방법론인 '인맥 디자인'은 기존의 방법과는 확실하게 차별화되고 있다. 예를 들자면 이런 것이다. 기존에는 'Give and Take'를 하라고 하지만 인맥 디자인의 컨셉에서는 'Don't Take,

Just Give'를 말한다. 받지 말고 그냥 주라는 것이다. 이는 실제로 현실에서 굉장히 강력한 힘을 발휘하고 상대방을 자신에게 확실하게 밀착시키는 주요한 방법이라고 할 수 있다. 받지 않고 그저 주는 것은 상대방에게 부채감을 형성시켜 주고 이는 빠르고 효율적으로 사람과 가까워질 수 있는 방법이 된다. 이러한 다양한 방법론에 대해서는 챕터 5에서 보다 자세한 설명이 이루어질 것이다.

복잡계 이론과 인맥
그리고 브릿지 피플

셀프 브랜딩과 브릿지 피플에 대한 본격적인 이야기를 하기 전에 우리는 오늘날 인맥의 특징에 대해서 알아볼 필요가 있다. 현대 사회, 특히 각종 통신 기기들을 통해 '실시간' 의사소통이 이뤄지고 있는 지금과 같은 사회에서는 몇 가지 다른 특징적인 인맥의 현상들이 나타난다. 가장 대표적인 것의 하나는 바로 인맥에서도 이른바 '복잡계 이론(Complex Systems Theory)'과 같은 현상이 나타난다는 점이다. 이는 의사소통이 원활하지 않았던 과거 시대와는 전혀 다른 양상을 보여주고 있으며 인맥에 대한 정의 역시 새롭게 접근하도록 만들고 있다.

갑자기 '이론'을 들먹이는 것에 대해 당황스러운 독자들도 있을지 모르겠다. '인맥'이라고 하면 지극히 현실적이고 실천적인 분야인데, 그렇게 어려운 이론까지 이야기해야 하느냐고 할 수도 있겠다. 그러나 이론은 현실의 본질과 핵심을 그대로 함축하고 있다. 우리가 하려는 '인맥 디자인'은 보다 새로운 접근 방법이고, 그 방법론 역시 기존과는 좀 다르다고 할 수 있다. 따라서 근본적인 문제부터 새롭게 살펴보는 것이 도움이 될 것이라고 확신한다. 또한 복잡계 이론은 앞으로 설명하게 될 '브릿지 피플'의 이해를 돕기 위해 중요한 계기가 되기도 한다.

우선 이 '복잡계 이론'에 대해서 간단히 살펴보자. 복잡계는 경제학 영역에서 가장 먼저 사용되기 시작한 용어였지만 최근에는 생명과학, 사회학, 물리학, 화학 등 여러 분야에서도 적용되고 있다고 한다. 그 사전적인 정의는 '어느 장소에서 일어난 작은 사건이 그 주변에 있는 다양한 요인에 작용을 하고, 그것이 복합되어 차츰 큰 영향력을 갖게 됨으로써 멀리 떨어진 곳에서 일어난 사건의 원인이 된다는 이론'이라고 할 수 있다.

복잡계 이론은 '원인과 결과에 대한 기존의 이론'에 대한 비판적 대안이라고 할 수 있다. 예전에는 '하나의 원인에 하

나의 결론'이 대응한다고 생각했다. 즉, 지금 현실적으로 눈
앞에 하나의 결과가 있다면, 그것을 유발하는 원인도 '하나'
라는 생각이었다.

내가 책상 위에 있는 동전을 손가락으로 튕긴다고 생각해
보자. 튕겨져 나가는 동전이 하나의 결과라면 그 유일한 원
인은 그 동전을 튕긴 나의 손가락의 힘이었다. 여기에서는
'하나의 결과에 하나의 원인'이라는 이론이 들어맞는다. 하
지만 거대 경제와 기타 학문 영역 전체를 포괄하기 시작하면
문제가 그리 단순하지만은 않다.

현대 사회를 가장 잘 보여주는 상징적인 대상이 있다. 바
로 오늘날 대부분의 사람들이 사용하는 인터넷이 그것이다.
인터넷은 끊임없는 '복잡계'의 세계이다. 인터넷은 수없이
많은 네티즌이 서로 영향을 주고받으면서 하나의 영향력을
발휘한다. 하지만 그 영향력은 단순히 몇 명의 네티즌에 의
해서 발생하지 않는다.

사안을 바라보는 수많은 네티즌의 격론과 각종 미디어의
기사와 사회단체들이 발휘하는 힘까지 총체적으로 얽혀서
전체적인 영향력을 발휘하고 있는 것이다. 하나의 결과에 수
많은 원인들이 존재하고 있으며 그 원인들의 상호작용에 의
해서 결과가 발생하게 되는 것이다. 이는 기존의 '하나의 결

과에 하나의 원인’이라는 현상을 부정하고 있다.

이제 우리가 말하고자 하는 ‘인맥 디자인’ 분야에서 이를 적용시켜보자. 인맥이란 복잡다단하게 얽혀있는 하나의 거대한 네트워크다. 나는 A라는 사람과 B라는 사람을 알고 있고 동시에 C, D도 알고 있다. 그런데 좀 더 세밀하게 관찰하면 전혀 모르고 지낼 것 같은 B와 D도 서로 알고 있으며 A와 C도 알고 지내는 사이이다. 이제 문제는 말 그대로 ‘복잡’해진다. 내가 B에게만 무언가를 잘못하게 되면 그 사실은 D에게도 전달되고 내가 모르는 Z에게도 전달될 수 있다. 어느 날 내가 Z를 처음 만나는 자리에서 Z는 나에 대한 대략적인 정보를 이미 파악하고 있을지도 모를 일이다. 결국 나와 B와의 인맥이라는 ‘결과’가 결코 나와 B사이의 문제만은 아닌 것이다. 그 관계에는 Z도 개입이 되어 있고 느닷없는 J와 H도 관여되어 있는 것이다. 다만 내가 현재 모르고 있을 뿐이며 파악하지 못하고 있을 뿐이다.

보다 중요한 사실은 현대 사회에서는 정보의 소통이 무한정 빨라지고 있다는 사실이다. 휴대폰과 메신저, 인터넷 게시판과 미니 홈페이지 등을 통해서 정보는 순식간에 퍼져가고 확산되고 있다. 뿐만 아니라 많은 사람들이 인맥을 확장하려는 노력을 기울이고 있기에 인맥 네트워크도 점점 촘촘

해지고 있다. 한 개인이 맺어가는 인맥의 수가 점차 많아질수록 각 네트워크의 연결점들이 더욱 밀접해지고 있는 것이다. 결국 견고해진 네트워크와 빠른 정보 소통력은 이제 '일대일'의 인맥 관계가 아니라 '일대 다수'의 인맥 관계로 변화되고 있다. 마치 복잡계 이론이 '하나의 결과에 하나의 원인'이 아니라 '하나의 결과에 다수의 원인'이듯 말이다.

앞서 이러한 복잡계 이론이 인맥의 정의 역시 달라지게 한다고 말한 바 있다. 즉, 인맥의 정의라는 것이 기존에는 '내가 알고 있으며, 나와 서로 도움을 주고 받는 사람'이라 할 수 있었다면 복잡계 이론이 적용되는 현대 사회에서는 '아는 사람'에 한정되는 것이 아니라 '아는 사람의 아는 사람', 그리고 더 확장해 본다면 '그 아는 사람의 아는 사람'으로까지 확장된다는 것을 말한다. 비록 아직 구체적인 현실 속에서 서로 만나 알고 지내는 사이는 아니지만 '언제든' 3명, 4명을 거친 사람도 나의 인맥이 될 가능성을 잠재하고 있음을 의미한다.

이러한 인맥에 대한 새로운 정의는 곧 '브릿지 피플'의 등장을 현실화시킨다. 각각의 개별화된 사람들이 끊임없이 새로운 사람들을 통해서 다른 사람에게로 연결될 수 있다는 것은 일면 매우 평등하게 보일 수도 있다. 하지만 실질적으로는 여러 가지 네트워크를 하나로 끌어들이는 정점들, 즉 중심에 선 사람들의 출현을 가능케 한다. 이들은 이른바 '마당발'이라 불리기도 하는데, 다수의 사람들을 많이 알고 있으면서 그 인간관계에서 매우 우위에 서 있는 사람을 말한다. 하지만 단순한 '마당발'과 '브릿지 피플'의 다른 점은 분명 존재한다. 마당발은 많은 사람을 알고 매우 친밀하게 지낼 수 있지만 그 사람이 인간관계에서의 어떤 우위를 획득하지 않는 한 그는 그저 평범한 '마당발'에 불과하다. 또한 이러한 새로운 방식의 복잡계 인맥 현상은, 처음 보는 사람을 만났을 때 상대에 대한 나의 평가가 이미 상대에게 주입되어 있을 수도 있다는 점을 의미하고 있다. 특히 같은 업종이나 한 분야에서 일을 하고 있는 사람들의 경우라면 이러한 가능성은 현저하게 높아진다고 할 수 있다.

결론적으로 보자면 인맥에 관한 복잡계 이론은 우리에게 세 가지 중요한 교훈을 주고 있다. 하나는 앞서 언급했듯이 브릿지 피플의 등장은 물론, 그들을 활용하면 가장 효율적으로 인맥을 넓혀갈 수 있음을 알려주고 있다. 두 번째는 자신의 의지만 있다면 아직 만나지도 않은 수많은 잠재적인 사람들을 자신의 인맥으로 만들 수 있다는 희망적인 메시지를 주고 있다. 반면 아직 만나지 않은 사람이지만, 그가 당신에 대해 이미 상당히 다양한 정보를 가지고 있으며 또한 그로부터 이러저러한 '판단'을 받고 있음을 암시하고 있다.

디지털 인맥의 장단점

　　인터넷이 발달하면서 이제까지와는 전혀 다른 인맥이 새롭게 부각되고 있다. 이른바 '디지털 인맥'이라는 것이다. 온라인 동호회, 미니 홈페이지, 블로그 등을 통해서 맺어지는 각종 인맥 관계를 말한다. 이 디지털 인맥은 첫 만남에서부터 교제의 유지와 확대, 그리고 단절에 이르기까지 기존의 인맥 관계와는 전혀 다른 몇 가지 특징들을 보여주고 있다.

　　이른바 '디지털 키즈(Digital Kids)'라고 불리는 10대 청소년들과 20대들은 대부분 이러한 디지털 인맥 맺기에 아주 익숙해져 있다. 어쩌면 이들에게는 이러한 인맥 자체가 '익숙하다'는 개념이 아니라 오히려 그것이 인맥의 전부일지도 모른다. 최근에는 30~40대도 이러한 디지털 인맥 맺기를 무시할 수 없는 입장이다. 생활과 일의 상당수가 온라인에 의존하다보니 생기는 자연스러운 현상이라고 할 수 있을 것이다. 이러한 디지털 인맥은 다양한 장점을 가지고는 있지만 '온라인'이 가지고 있는 기본적인 속성상 단점도 없지 않다. 우선 장점부터 살펴보자.

내가 선택하는 인맥

인맥은 크게 두 종류로 분류할 수 있다. 하나는 선천적인 외부의 조건에 의해서 규정되는 인맥이다. 이는 혈연은 물론, 지연, 학연, 직연(직장 인맥)이 그것이다. 내가 태어나는 곳을 내가 지정할 수 없고 초·중·고등학교 역시 자유롭게 나의 의지대로만 갈 수 없기 때문에 이런 류의 인맥은 일종의 '규정되는 인맥'이라고 할 수 있다. 선택의 자유가 그 효력을 발휘할 수 없기 때문이다. 철없는 초등학교 시절의 장난꾸러기들이 커서 사회에 나와 튼튼한 인맥을 형성하고 있는 것이 가장 대표적인 사례라고 할 수 있다.

직장 인맥 역시 마찬가지로 분류할 수 있다. 직장 생활을 하다보면 굳이 인연을 맺고 싶지 않아도 맺어야 하는 관계도 있고 또 객관적인 상황 속에서 그 인맥을 유지해야만 하는 필요성도 있기 때문이다.

두 번째는 사회 생활을 하면서 필요에 의해서 선별적으로 맺어가는 인맥이다. 이러한 인맥은 선별적이면서도 또한 구속력을 가지고 있는 이중적인 인맥이라고 할 수 있다. 모임을 가지다 보면 자연스럽게 알게 되는 경우도 있고, 또 함께 참석한 사람 때문에 어쩔 수 없이 가까워져야 하는 경우도 있다. 그러나 그와 반드시 인맥을 맺어가야 할 필요는 없기에 또한 선별적이기도 하다.

하지만 디지털 인맥은 이와는 전혀 다르다. 기본적으로 디지털 인맥은 온라인 동호회를 중심으로 만들어지기 시작한다. 물론 동호회의 가입과 탈퇴 여부는 순전히 자신의 의지다. 자신의 능력과 학력에 전혀 상관없이 선택할 수 있다는 점이다. 따라서 '내가 선택하는 인맥'이라고 분류할 수 있다. 또한 원하지 않으면 탈퇴를 하면 되고 오프라인 동호회 모임에 나가지 않으면 되기 때문에 극단적으로 선별적이라고까지 이야기할 수도 있을 것이다.

이러한 선별성은 그 관계에 있어서 상당한 자유로움을 부여한다. 앞서 언급했지만 혈연이나 지연, 학연은 스스로 아무리 탈퇴를 하고 싶어도 탈퇴할 수가 없다. 이미 지나간 과거가 현재를 장악하고 있기 때문이다. 물론 모임에 나가지 않고 인맥 관계를 맺어나가지 않을 수는 있지만 그렇다고 원천적인 관계 자체를 부정할 수는 없다. 어느 학교 출신, 어느 지역 출신이라는 꼬리표는 평생을 따라다니기 때문이다. 특히 학연의 경우 한국 사회에서는 특별히 강압적이기까지 하다. 물론 성인이 된 사이에 무언가 억지로, 혹은 실제로 강압적으로 이뤄지지는 않겠지만 은연중에 심리적인 강압이 있는 건 어쩔 수 없는 사실이다.

모르는 두 사람이 우연히 자리를 함께 하다가도 같은 고등학교 선후배란 사실이 밝혀지자마자 한 명은 말을 놓으며 선배 행세를 하고 다른 한 명은 바로 '형', 혹은 '형님'이라는 말을 하기 때문이다. 한국 사회 특유의 보수성이 이를 잘 말해주고 있기도 하거니와 또한 학연이 얼마나 강한 구속력을 가지고 있는지를 잘 나타내고 있다.

그러나 디지털 인맥에서는 이러한 구속력이 상당히 약화

되어 있다. 그 누구도 '○○ 동호회 출신'이라는 것을 따지지도 않고 ○○ 동호회에 가입한 시기로 선후배를 따지지도 않는다. 이곳에는 선후배가 중요시되는 수직적인 관계보다는 수평적이고 평등한 관계가 유지되고 있다. 이런 점에서 디지털 인맥은 상당히 '민주적'인 성격을 갖췄다고 해도 과언이 아니다. 보수성과 퇴행을 탈피했을 뿐만 아니라 부정적인 인식이 내재해 있는 '파벌'과 '특정 집단'이라는 소속감에서 벗어나 자유로운 관계를 맺을 수 있기 때문이다.

인터넷 속도처럼, 쉽고 빠르게

디지털 인맥이 가지는 또 하나의 특징이라면 인맥 맺기의 속도가 인터넷 속도만큼이나 빠르다는 사실이다. 오랫동안 공을 들이지 않아도 같은 동호회라는 이유만으로 서로에 대한 취미나 성향이 비슷하다는 것이 일단 인정되기 때문이다.

디지털 인맥의 친밀도가 급속하게 높아지는 이유는 여러 가지가 있겠지만, 우선 동호회의 글을 통해서 상대에 대해서 충분히 파악할 수 있다는 점도 결코 간과할 수 없다. 일반적인 인맥이라면 상대가 어떤 성향인지를 파악하는 데만 상당한 시간이 걸리기 마련이다. 그러나 온라인 동호회는 우선 게시판 글을 통해서 서로를 파악하게 된다. 이 게시 글은 상대의 스타일이나 취향 등을 적나라하게 드러내줌으로 자기 자신과의 코드가 얼마나 맞는지, 혹은 그렇지 않은지를 직관적으로 판별할 수 있게 해준다.

또한 동호회에서는 애초부터 자신이 무엇을 원하는지를 솔직하게 드러낸다는 점에서 거추장스러운 형식이나 절차적 예의 같은 것이 필요가 없다. 무언가를 두루뭉술하게 표현할 필요도 없고 상대방의 마음이 어떤지를 괜히 유추해볼 필요도 없다. 자신의 필요가 뭔지, 그리고 어떤 사람을 원하는지를 바로 글로 표현할 수 있기 때문에 보다 빠르게 친밀도가 형성될 수 있는 것이다.

디지털 인맥은 이렇게 다양한 장점을 가지고 있으며 젊은 세대들의 새로운 인맥 트렌드로 확고하게 자리를 잡았다. 모 인터넷 통신사의 광고 카피는 이런 디지털 인맥의 특징을 잘 보여주고 있다. '세상으로 나와라' 라는 메인 카피와 함께 등장하는 화면들은 외롭고 단절된 인간관계를 확장시켜 주는 인터넷의 특성을 잘 보여주고 있는 것이다.

그런 점에서 디지털 인맥은 이 사회의 주류뿐만 아니라 비주류와 언더그라운드의 사람들까지 모두 포괄한다는 점에서

‘혁신적’이라고까지 표현할 수 있다. 그곳에서는 이제까지 보지 못했던 평등과 자유, 그리고 민주주의적 인간관계가 새롭게 발생하고 있기 때문이다. 하지만 디지털 인맥이 꼭 장점만 가지고 있는 것은 아니다. 디지털이 가지고 있는 기본적인 속성이라고 할 수 있는 익명성과 가벼움은 상당한 단점으로 작용하고 있기 때문이다.

넓지만 얕은 관계

디지털 인맥은 상당히 빠른 방식으로 인맥을 넓혀갈 수 있지만 그 깊이가 얕다는 한계를 가지고 있다. 지금이라도 원한다면 당장 몇 개의 동호회에 가입할 수 있고 오프라인 모임에 참석한다면 누구든 수십 명의 새로운 사람을 만날 수 있다.

특히 온라인에서 서로의 닉네임만 접하다가 실제로 만나게 되면 상당히 반가울 뿐만 아니라 마치 오래된 사이처럼 친해지기 마련이다. 또 서로의 필요에 따라 다양한 이야기들이 오갈 수 있지만 다음날이면 그 인맥이 차츰 옅어지기 시작하는 일이 다반사라고 할 수 있다.

실제 요즘 젊은이들의 핸드폰에는 수백 명의 이름이 저장

되어 있기는 하지만 그 중의 1/3이 시간이 흐르면서 이름과 얼굴이 제대로 '매치' 되지 않거나 또 상당수가 그저 술자리에서나 가끔씩 얼굴을 보는 관계인 경우가 많다. 넓기는 하되 깊지 못한 관계는 결코 진정한 의미에서의 인맥이라고 보기 힘들다.

물론 이렇게 다양한 관계에서 진정한 옥석을 가려내는 혜안이 필요하겠지만 기본적인 만남의 속성에 이미 한계가 있다는 점을 지적하지 않을 수 없다.

쉽게 판단하고 쉽게 결정하는 관계

디지털 인맥이 깊은 관계로 나아가기 어렵다는 사실은 또 다른 문제점을 야기한다. 이른바 서로에 대한 평가를 쉽게 하고 신뢰성 없는 평가가 빠른 속도로 퍼져나간다는 것이다. 아주 오래된 인맥은 상대의 실수를 비교적 인내심 있게 참아준다. 설사 실수를 했더라도 상대는 그의 실수를 너그러이 봐줄 수도 있고 또 진심 어린 충고와 조언으로 올바른 길로 갈 수 있도록 이끌어 줄 수도 있다.

뿐만 아니라 그 둘 사이에는 상당한 신뢰가 형성되어 있기 때문에 그러한 잘못을 타인들에게 섣불리 퍼뜨리거나 하지 않는다. 하지만 신뢰도가 깊지 못할 경우 일시적인 실수가 과대포장되고 그러한 소문이 퍼져나가는 경우가 많다. 차라리 아무 것도 아닌 사이라면 쉽게 판단하지도 않고 또 그 소문을 퍼뜨리지도 않겠지만, 때로 디지털 인맥의 엉성한 관계가 오히려 부작용을 일으키는 것이다.

이러한 현상은 온라인 동호회 모임 등에서 생각보다 깊은 부작용과 상처를 남기기도 한다. 특히 인맥의 대상이 될 수 있는 특출한 사람이 있다면 그를 둘러싸고 생겨나는 갈등은 결국 서로에게 아픔을 남기게 되는 것이다. 쉽게 판단하고 쉽게 결정을 내릴 수 있는 이러한 디지털 인맥의 특성은 오히려 인맥을 맺어나가는 데 큰 방해물이 될 수 있다.

검증이 쉽지 않다

모든 인맥 관계는 어느 정도 검증의 시간을 거치게 마련이다. 혈연, 학연, 지연이 그토록 강한 것은 이미 어느 정도의 검증을 거쳤다는 의미이기도 하다. 그러나 디지털 인맥에 있어서는 오로지 같은 동호회에 가입했다는 것 이외에는 거의 모든 검증의 과정을 혼자서 해야 한다는 단점이 있다. 예를 들면 학연이라면 이미 같은 학교의 동년배 친구들이 전해주는 말로 인해서, 또는 지연 역시 같은 출신 지역 사람들의 평가에 의해서 검증을 거치게 마련이다.

그러나 디지털 인맥은 상대방의 '과거'에 대해서 전혀 모른 채 오로지 '현재'만 가지고 판단을 해야 하며 또한 그것에 대한 책임 역시 전적으로 혼자 져야 한다. 상대방에 대한 검증이 쉽지 않다는 것, 혹은 그 검증을 오로지 혼자서 감당해야 한다는 사실은 인맥의 고리를 약화시키고 믿음의 깊이를 성숙시키지 못하게 된다.

디지털 인맥은 이렇게 긍정적인 부분과 부정적인 부분이 동시에 공존하고 있다. 물론 세상의 모든 일들이 다 장단점이 있겠지만 특히 디지털 인맥의 분야에서는 그 장단점이 동전의 양면처럼 구성되어 있다. 있는 그대로 보면 장점이지만 뒤집어 보면 그것이 바로 단점이 돼 버리고 만다. 따라서 디지털 인맥은 결국 오프라인의 인맥 개념에 의해서 보충되고 그 기준점에 의해서 충실한 관계로 변모되어야 한다.

그렇다면 이 디지털 인맥에 있어서는 어떻게 우리의 '디자인' 개념이 적용될 수 있을까. 이에 대해서는 후반부의 'Don't & Just'의 법칙 부분에서 자세하게 살펴보도록 하자.

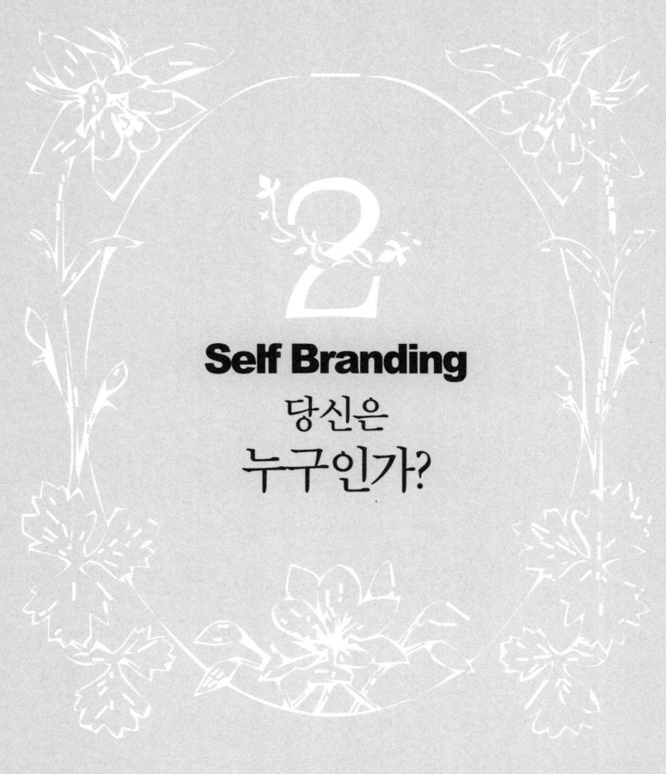

2

Self Branding
당신은
누구인가?

스스로를 단 한 줄로 표현할 수 있는가?
당신만의 'Something Special' 을 갖춰야 한다

- 기업의 브랜딩 성공사례
- 나 브랜드(My Brand) 찾아 내는법 :
  브랜딩화 하기(Make Your Brand)
- CEO들의 셀프 브랜딩 & 인맥 디자인 사례
- 그들의 공통된 브랜드 전략
- 셀프 브랜딩을 위한 몇 가지 초석들

스스로를 단 한 줄로 표현할 수 있는가?
당신만의 'Something Special' 을 갖춰야 한다.

'질풍노도' 의 시기라고 불리던 사춘기 시절. 누구나 한번쯤은 '나는 누구인가?' 라는 철학적 질문에 사로잡힌 적이 있을 것이다. 하지만 해답은 쉽지 않고 생각은 미로에 빠지기 일쑤였다. 이제 그로부터 수년이 지난 지금, 우리는 또다시 '나는 누구인가?' 라는 질문을 던져봐야 한다. 지금 다시 해보는 그 질문은 그것은 단순히 사변적이거나, 혹은 철학적인 질문이 아니다. 바로 자신의 브랜드를 정확히 알기 위한 하나의 방법이다.

인맥 디자인을 위한 가장 최초의 작업이자 또한 가장 확실한 방법의 하나는 바로 '셀프 브랜딩' , 즉 자기 자신을 하나의 브랜드로 만드는 것이다. 자본주의 사회에서 모든 상품은 하나의 브랜드로 귀속되고 또한 그 브랜드의 강력한 힘을 받으며 구매된다. 사람의 인격을 '상품' 에 비교할 수는 없겠지만, 엄밀한 의미에서 인맥을 맺어나가는 과정 역시 상품을 구매하는 과정과 크게 다르지 않다. 당신은 누구인가? 스스로를 단 한 줄로 표현할 수 있는가? 그것도 아주 멋진 광고 카피의 한 줄로 표현할 수 있다면 그는 분명 셀프 브랜딩에 성공한 사람임에 틀림없다. Self Branding, 그것은 자신을 완성해 나가는 가장 중요한 성숙의 과정이기도 하다.

기업의 브랜딩 성공사례

어떤 의미에서 삶은 끊임없는 '유혹'의 과정이기도 하다. 무엇을 선택할까라는 기로에 선다는 것 자체가 이미 다양한 유혹에서 망설이고 있다는 증거이기도 하기 때문이다. 무엇을 먹을까, 무엇을 입을까, 누구와 만날까, 누구와 결혼을 할까, 어떤 집을 살 것인가 등등, 유혹은 우리의 일상 곳곳에 자리 잡고 있으며 또한 어떤 것이 더 강렬한 유혹의 힘을 발휘하느냐에 따라 선택이 결정된다.

그러나 아마 세상의 그 모든 유혹의 과정에서 가장 많은 돈이 투여되는 유혹이 있다면 그것은 바로 '브랜드'일 것이다. 일례로 '삼성'의 브랜드 가치는 약 120억 달러, '마이크로 소프트'는 620억 달러에 달한다. 브랜드 가치란 브랜드가 가지고 있는 무형의 자산, 또는 그 지명도만으로 현재, 또는 미래에 거둘 수 있는 이익을 금액으로 환산한 것이다. 삼성과 마이크로 소프트가 각각 그 정도의 거대한 브랜드 가치를 갖기 위해서 이제까지 투여된 금액 또한 만만치 않을 것으로 예상할 수 있다. 광고 및 홍보 비용, 마케팅과 위기 관리 비용 등의 총체가 바로 브랜드 가치로 재환산되기 때문이다. 기업들이 이토록 브랜드 관리에 신경 쓰는 것은 그 이름 자체가 바로 '구매력'과 '이익'으로 직결되기 때문이다.

그렇다면 이렇게 브랜드가 구매력과 이익으로 직결되는 이유는 무엇일까. 이는 '상품에 대한 소비자들의 인식, 그리고 확고한 믿음과 신뢰'라는 것으로 요약할 수 있다. 결국 기업들은 소비자들에게 '우리는 어떤 기업이며, 우리가 만든 제품은 어떤 것이다'라는 설명에 앞서 오직 단일한 하나의 브랜드로 이 모든 것을 순식간에 설명하고 고객의 머릿속에 깊숙이 각인시키고 있다. 또한 이러한 각인의 과정은 거의 무의식적으로 이루어지게 마련이다. 복잡한 사고 과정이나 일일이 따져보는 판단을 하기 전에 순식간에 떠오르는 이미지, 바로 그것이 브랜드의 힘이라고 할 수 있다.

이는 인간관계, 혹은 인맥을 맺어나가는 데 있어서도 그대로 적용된다. 아주 쉽게 '홍길동'이라는 이름에서도 우리는 일정한 브랜드를 발견할 수 있다. 홍길동이라고 하며 '동에 번쩍, 서에 번쩍'이라는 문구가 생각나면서 그의 뛰어난 무예 실력을 연상시키고, '서민들을 위해 탐관오리들을 혼내주는 정의의 용사'라는 이미지를 가지고 있다. 우리는 '홍길동'이라는 이름을 듣는 것만으로 그에게 신뢰와 믿음을 갖고 정의가 살아있음을 확신하게 된다.

'춘향이'도 마찬가지다. 아름다운 외모와 정절, 그리고 끝내 사랑을 이뤄내는 한 여성의 강인한 의지를 생각나게 한다. 이처럼 우리가 흔히 들어왔던 사소한 이름에도 모두 하나의 '브랜드'들이 속속들이 내재되어 있다.

그렇다면 독자 당신의 이름은 어떤가. 주변 사람들, 당신을 알고 있는 커뮤니티 내에서 당신의 이름은 어떻게 브랜드화되어 있을까. 똑똑하고 성실한 사람? 게으르지만 똑똑한 사람? 혹은 귀엽지만 일은 잘 못하는 사람? 물론 표현방식은 수도 없이 많을 수 있지만 사람들이 당신의 이름을 듣는 순간, 무언가 떠올리는 것이 있을 것이고, 사람들은 그 인식으로 당신을 이미지화하고 브랜드화하고 있다. 앞서 약간 설명했던 것처럼 인맥 디자인에서 이 셀프 브랜딩은 가장 기초적인 단계이지만 가장 확실한 방법 중의 하나이다. 셀프 브랜딩이 제대로 되어 있지 않은 상태에서는 브릿지 피플의 도움을 받을 수도 없고 궁극적인 인맥 디자인도 불가능하다. 자기 자신에 대한 명확한 브랜딩, 그것이 곧 인맥 성공의 지름길이라고 할 수 있다.

우리는 우선 기업들의 브랜딩 과정에 대해서 한번 면밀하게 살펴볼 필요가 있다. 그것은 셀프 브랜딩을 객관화시켜보는 작업이며 이를 통해서 자신을 되돌아보는 계기가 될 수 있을 것이다.

브랜드를 잃으면 모든 걸 잃는다

1986년 미국 자동차 시장에 '엑셀'을 시판하면서 첫 진출한 현대 자동차는 첫 해에 무려 16만 대를 판매하는 기록을 세웠다. 당시 미국 시장은 현대 자동차의 놀라운 판매 기록에 긴장하면서 향후 추이를 지켜보고 있었다. 하지만 2년이 흐르자 품질에 대한 소비자들의 불만이 하나 둘씩 터져 나오기 시작했다. 이렇게 시작된 품질에 대한 실망감은 판매고에도 직접적인 영향을 미치기 시작했다. 드디어 98년에는 16만 대에서 무려 7만 대가 준 9만 대에 그치게 됐다. 미국 소비자들은 '현대'라는 브랜드를 '품질은 별로지만 싼 자동차를 판매하는 회사'라는 것으로 인식하기 시작했다. 기업에게 '품질이 별로다'라는 인식은 치명적이라고 할 수 있다. 매출은 지속적으로 하락하기 시작했고 경영진은 심각한 위기에 봉착하지 않을 수 없었다.

결국 현대 자동차는 이러한 인식을 불식시키기 위해 일명 '10년, 10만 마일 워런티(Warranty)'라는 정책을 들고 나왔다. 10년 동안, 10만 마일을 타는 동안 회사에서 제품에 대해 보증하겠다는 것이다. 하지만 브랜드에 대한 인식이 이러한 정책 하나로 쉽게 바뀔 리는 없었다. 그러나 이 정책은 당시로서는 꽤 파격적이었을 뿐만 아니라 지속적인 홍보와 세일즈맨들의 노력으로 인해 조금씩 힘을 얻어가기 시작했다. 이러한 지고의 노력 끝에 그 이후부터 2003년까지 최고치의 판매기록을 달성할 수 있었다. 현대차의 사례는 브랜드를 잃으면 한순간에 기업의 생명력 자체도 잃어버릴 수 있음을 단적으로 증명하고 있다. 만약 현대차에서 워런티 정책을 들고 나오지 않았다면 아마도 미국에서의 현대차에 대한 브랜드는 '품질은 별로지만 싼 자동차를 판매하는 회사'로 각인되었을 것이다.

당신의 이름은 어떻게 기억될까. 혹시 '능력은 별로인데 월급이 싸니까 그냥 쓰는 직원'은 아닌가 반성해볼 필요도 있다. 그렇다면 다시 한 번 위기의식을 가지고 자신의 브랜드를 새롭게 만들어볼 계획을 세워야만 한다. 현대 자동차처럼, 그렇게 다시 역전의 기회를 노리지 않는다면 당신의 브랜드는 영원히 삼류에 불과할 것이기 때문이다.

브랜드 전략의 승리

삼성의 휴대폰 브랜드 '애니콜'은 이제 한국의 대표적인 상표가 되었다고 해도 과언이 아니다. 중국에서 애니콜은 마치 '벤츠'처럼 명품이라는 브랜드 이미지가 확고해져 있다. 그러나 처음부터 그랬던 것은 아니다. 중국 휴대폰 시장은 외국의 많은 브랜드들이 치열한 경쟁을 하고 있었다. 특히 노키아는 시장점유율을 20% 가까이 기록하면서 1위를 확고하게 고수하고 있었다. 당시 애니콜이 처음 중국에 진입했을 때 중국인들은 애니콜에 대해서 '별 볼일 없는 브랜드'라는 대접을 하기도 했다.

이러한 시장 판단에 의해 당시 삼성측은 '철저한 고가전략'을 브랜드의 핵심 가치로 삼고 명품이 되기 위한 노력을 시작했다. 하지만 당연히 가격만 높인다고 순식간에 명품이 될 수 있는 것은 아니다. 삼성은 디자인 품질을 혁신적으로 높이기 시작했고 광고와 이벤트를 통한 브랜드 이미지의 구축, 철저한 사후 서비스는 물론 지속적으로 신상품을 선보이면서 서서히 '명품'의 대열에 들어서기 시작했다. 결국 애니콜은 고급 제품 시장에서는 단연 1위를 기록하면서 시장 점유율을 휩쓸기 시작했다. 특히 할인매장 등 값싼 제품을 판매하는 시장에는 아예 휴대폰 자체를 판매하지 않고 '구하기도 쉽지 않은 애니콜'이라는 이미지를 줄 수 있었다.

중국의 부자들과 여성들은 '애니콜'을 갖는 것만으로 자신들의 지위마저 상승되었다는 기분을 갖기 시작했으며 바로 이것이 애니콜이 구사한 브랜드 전략이었다. 이처럼 브랜드는 단순히 해당 제품을 나타내는 로고와 상징물이 아니라 그것을 구입하는 개인의 가치까지 함께 상승시키는 놀라운 효과를 가지고 있다.

개인에게도 '명품' 브랜드가 있다. 예를 들어 '그가 움직이면 업계가 들썩인다'든가, 혹은 '그가 프로젝트를 맡았으면 거의 성공한 것 아니겠냐'는 그러한 주변들의 평가가 이러한 명품 브랜드를 말해준다.

하지만 이러한 명품의 이미지가 결코 하루아침에 만들어지는 것은 아니다. 자신의 능력을 업그레이드시킬 뿐만 아니라 지속적인 성과를 내고, 고급 인맥을 다수 확보하고 있을 뿐만 아니라 언제든 주변 사람들과 친근하게 지낼 수 있다면 그가 바로 '명품 브랜드'이다.

모두가 소유하고 싶고 그것을 소유하는 것만으로도 행복을 느끼게 하는 명품 브랜드. 바로 이처럼 그와 함께 있고 싶고 그와 함께 있는 것만으로 행복과 성공을 보증 받을 수 있다면 바로 그 사람이 진정한 '명품 셀프 브랜드'일 것이다.

드러내지도 감추지도 않는 브랜드

시계 브랜드인 '로만손'은 아주 독특한 브랜드 전략을 구사하고 있다. 로만손은 분명 한국 기업인이 한국에서 제조하는 제품이지만 해외로 수출되는 제품에는 그 어디에도 'Made in Korea'라고 적어 넣지 않는다. 그 이유는 다음의 에피소드에서 밝혀진다. 로만손의 김기문 사장이 중동지역에서 수출 상담을 한 후 한국으로 돌아올 때 탑승한 비행기의 스튜어디스가 로만손 시계를 차고 있었다.

그녀는 물론 외국 국적을 가진 여성이다. 김 사장이 시치미를 떼고 '그 시계 좋아 보이는데, 어느 나라 제품이에요?' 하고 물어봤단다. 그러자 그녀는 '스위스 명품 브랜드 로만손이에요'라고 대답했다는 이야기다.

로만손은 바로 이러한 색다른 마케팅 전략을 구사하고 있었다. 완전히 드러내지도, 그렇다고 속이거나 감추지도 않는 브랜드 전략인 셈이다. 특히 로만손은 중동지역에서 '명품' 으로 손꼽히고 있다.

어떻게 보면 개성이 없는 브랜드 전략으로 볼 수도 있겠지만, '시계' 하면 '스위스 시계' 라는 공식이 이미 형성된 상태에서 로만손의 전략은 오히려 여우같이 지혜롭다고 할 수 있다.

위에서 살펴본 3가지 사례는 국내 기업들의 브랜드 전략에서 극히 일부분에 불과하다. 하지만 기업에서 브랜드 가치와 역할에 대해서는 충분히 이해할 수 있는 사례들이다. 시간이 흐를수록 브랜드는 하나의 거대한 힘이 되고 있다. 브랜드만으로 사람들의 동의를 이끌어 내고 신뢰를 얻어낼 수 있다는 것 자체가 이미 성공에 상당히 근접해 있기 때문이다.

최근에는 이러한 브랜드에도 새로운 트렌드가 형성되고 있다. 특히 예전에는 제조사 자체가 브랜드가 되었다면 최근에는 제품명 자체가 브랜드화 되는 경향이 더욱 거세지고 있다. 예를 들면 '하우젠' 이라는 브랜드를 들어본 적이 있을 것이다. 에어컨과 김치 냉장고, 드럼 세탁기 등 생활 가전에 붙여지는 브랜드인데, 이 제품들의 제조사가 삼성이라는 것을 모르는 사람들도 다수 있다. TV 브랜드인 '파브' 역시 마찬가지다. 오히려 이런 제품들에서는 제조사인 '삼성'의 브랜드보다 개별 제품 브랜드가 더욱 더 많은 사람들에게 인지되고 있는 것이다. 이는 통합적인 제조사의 브랜드보다는 오히려 각 제품의 개성적인 특색이 반영된 브랜드가 더욱 유리할 때 구사되는 전략의 일환이라고 할 수 있다.

다음 차례는 '개인 브랜드'에 대해서 살펴보고 넘어가자. 위와 같이 회사명, 혹은 제품명이 브랜드가 되기도 하지만 역시 개인의 이름 그 자체가 브랜드가 되는 경우도 있다. 아마도 우리나라 최초의 개인 브랜드라면 '이명래 고약'을 들 수 있을 것이다. 요즘의 젊은 세대들에게는 매우 생소하게 들리겠지만 30대 중반 이후의 사람들에게는 매우 익숙한 이름임에 틀림없다. 여기에 '성신제 피자', '김찬월 가모', '정철 어학원', '이강순 실비집' 등도 모두 개인의 이름을 브랜드화한 것이라고 볼 수 있다. 자신의 이름 자체를 비즈니스와 연계시켜 하나의 신뢰성 있는 브랜드로 정착시킨 점에서 놀라운 시도임에는 틀림없다.

이는 셀프 브랜딩도 마찬가지다. 비록 우리들이 대다수의 상품 소비자들을 대상으로 하나의 브랜드를 형성하는 것은 아니지만 자신의 이름 자체가 하나의 구체적인 이미지로 브랜드화된다면 자기 주변의 커뮤니티 내에서 높은 신뢰성은 물론이고 궁극적으로 비즈니스로의 연계 가능성도 상당히 높아지게 마련이다.

현대 사회에서의 브랜드는 '모든 것'이라고 말해도 과언이 아니다. 특히 요즘은 정보가 차고 넘치는 시대, 그래서 어떻게 하면 효과적으로 쓸데없는 정보를 버릴 것인가가 화두가 되는 세상이라고 해도 과언이 아니다. 사람도 마찬가지다. 쌓여만 가는 명함에 늘어만 가는 핸드폰의 연락처들. 이렇게 정보와 사람이 과잉인 시대에서는 무언가 상대의 머릿속에 확고하게 각인되는 것이 없으면 금세 잊혀져 버리고 만다.

셀프 브랜딩의 궁극적인 목적도 바로 이와 같은 것이다. 잊혀지지 않기 위한 노력, 독특하면서도 신뢰성 있는 캐릭터를 확보하기 위한 노력이 바로 셀프 브랜딩이기 때문이다.

나 브랜드(My Brand) 찾아내는 법
: 브랜딩화 하기(Make Your Brand)

자, 그럼 이제 인맥 관계에 있어서의 셀프 브랜딩에 대해서 살펴보도록 하자. 결론적으로 필자는 이제까지의 인맥 관계 형성론에 있어서 좀 더 색다른 방법론을 제시하고자 한다. 그것의 방식은 앞서 언급했던 '인맥 디자인'이고 그것의 실질적인 내용은 바로 '자기 브랜딩(My Branding)'이라고 할 수 있다. 제품에 있어서도 소비자에게 필요한 성능과 기능이 있어야 한다. 인맥에 있어서 '디자인'의 개념이 자신을 어필하는 방법, 타인들과 자신을 조화시키는 방법이라고 한다면 '자기 브랜딩'의 개념은 자신의 실력과 내용을 내실 있게 다지고 타인에게 '어떻게 보이게 할 것인가'를 결정하는 단계다. 일반적인 의미, 그러니까 마케팅적인 의미에서의 브랜딩이란 한 회사의 브랜드를 어떻게 가꾸어 갈 것인가에 대한 문제이다. 어떤 의미에서 보자면 이 역시 하나의 '포장술'이라고 생각할지 모르겠지만 단지 포장술에만 머물 수는 없다. 예를 들어 '삼성'이라는 브랜드를 들었을 때 우리는 매우 익숙할 뿐만 아니라 '첨단 기술'을 연상하게 되고 더불어 '최고의 엘리트 직원들이 근무하는 곳', '한국 경제를 이끌어 가는 기업', '복지가 좋은 기업', '글로벌 기업' 등등을 연상하게 하게 된다. 하지만 이러한 연상들이 단지 '포장술'에 불과한가? 절대 그렇지 않다. 실제로 삼성 그룹에는 최고의 엘리트 직원들이 좋은 복지 환경에서 근무하며, 첨단 기술을 만들어 내고 이를 통해 한국 경제를 이끌어 가고 있다. 더불어 글로벌 기업으로서의 위상도 탄탄하다. 한 기업의 브랜딩은 단지 브랜드에 대한 포장술을 넘어서 '실질적인 기업 내용을 어떻게 잘 어필할 수 있도록 만드는가'라고 생각하는 것이 보다 올바를 것이다.

인맥에 있어서도 마찬가지다. 자신이 가지고 있는 여러 가지 성격과 장점, 그리고 자신의 능력을 어떻게 타인, 즉 자신이 인맥을 맺고자 하는 사람에게 잘 보여줄 수 있고 그 사람으로부터 '매력 있는 사람' 으로 보일 수 있게끔 하느냐가 관건이 된다는 이야기다. 이는 마치 한 상품이 소비자의 니즈(Needs)를 자극하고 소비를 할 수 있도록 만드는 것과 동일한 프로세스라고 할 수 있다. 이를 표를 통해서 알아보자.

본인의 능력, 성격, 장점,
혹은 매력적인 스타일의 파악

↓

정확한 나 브랜드의 확립

↓

타인과 조화되고 어울리는 인맥 방법론의 활용
(D&J법칙)

↓

원하는 대상과의 친밀한 교제

그렇다면 이제 중요한 것은 '나 브랜드'를 어떻게 찾아내느냐 하는 법이다. 이는 몇 가지 질문을 스스로에게 해보고 이것을 종이에 적어 가다보면 자연스럽게 산출될 수 있을 뿐만 아니라 그 브랜드를 위해서 자신이 어떤 노력을 해야 할지, 그리고 어느 정도의 시기가 지나면 자신만의 브랜드를 성취할 수 있는지 역시 알아갈 수가 있다.

그러나 이러한 사고와 질문의 과정에서 절실히 필요한 것은 바로 내면의 소리를 거짓 없이 들어야 한다는 점이다. 부모와 가족들의 기대에 부응하기 위해, 혹은 동년배 친구와 경쟁자들을 물리치기 위해 과도한 욕심을 부려서는 안 된다는 이야기다.

나는 무엇을 원하는가?

셀프 브랜드에서 가장 중요한 것은 바로 '나는 무엇을 원하는가?' 하는 점이다. 하지만 의외로 많은 사람들은 자신이 뭘 원하는지조차 자각하지 못하고 있는 경우가 많다. 그저 주어진 환경 속에서 주어진 것을 해나가는 것에만 몰두한 나머지 진정으로 자신을 돌아볼 기회조차 가지지 못한 사람들이 태반이라는 이야기다. 직장인들의 경우 특히 이러한 경우가 많다. 매일 매일 업무와 회식, 그리고 대형 프로젝트에 매달리다 보면 현재 자신이 어느 지점까지 와 있는지, 그리고 앞으로 어디로 나아갈지 도통 생각할 여유가 없는 것이다. 대학생이나 사회 초년생들은 특히 이런 경향이 많다. 이제 서서히 인맥을 쌓아가야 할 대학 시절이지만 취업 준비에 마음이 급한 나머지 '일단 어느 회사든 들어가자' 는 생각에 마음이 앞서 진정으로 자신이 원하는 것을 추구하기 힘들기 때문이다.

그러나 장기적인 성공과 그 성공을 도와줄 수 있는 인맥을 원하는 사람들이라면 반드시 자신이 무엇을 원하는지, 그리고 앞으로 어떻게 될 것인지를 결정짓고 넘어가야 한다. 어떻게 보면 '인생의 목적' 과 '인맥' 이라는 것이 서로 동떨어져 있는 것이라고 생각하는 사람들이 있을지도 모르겠다. 또 인맥이라는 것은 그저 사회생활을 하면서 알게 되는 사람들이기 때문에 굳이 자신이 원하는 바를 구체적으로 정해야 하는지에 대해서 묻는 사람도 있다. 하지만 자신의 목표가 구체적이고 명확하지 않은 상태에서는 셀프 브랜딩이 완성되지 못함은 물론이고 타인들이 생각하기에도 '도대체 내가 뭘 도와주어야 할지' 를 잘 모르는 상태가 되고 만다.

자신도 스스로를 어떻게 도와야 하는지 모르는 상태에서

어떻게 타인의 도움을 바랄 수 있겠는가.

언제나 도움을 원할 때는 '무엇을 어떻게 도와달라'고 하는 구체적인 가이드 라인을 제시해주어야 한다. 그저 막연히 '삶이 고달프니 좀 도와달라'고 말하는 것보다는 '취직에 관한 남보다 앞선 정보를 달라', 혹은 '내가 달성하고 싶은 구체적인 단계에 이를 수 있도록 관련 분야의 사람을 소개시켜 달라'고 말해야 한다. 이렇게 해야만 도움을 주고자 하는 사람도 자신의 영역 안에서 과연 그를 도울 수 있는지 없는지를 판단하게 되며 도울 수 있는 한도 내에서 최선을 다할 수 있기 때문이다. 셀프 브랜딩은 자기가 원하는 것이 무엇인지를 확정하고 출발해야 하는 여정이기도 하다.

나는 타인에게 어떻게 보이길 원하는가?

두 번째로 중요한 것은 자신이 타인에게 어떻게 보이길 원하는가에 대한 질문이다. 하지만 이는 어떠한 가식적인 인격을 논하는 것이 아니다. 자신이 궁극적으로 성공을 하기 위한 미래의 투영이자 자신의 미래상에 대한 구체적인 상상이다. 또한 이는 자신의 성향에 맞는 자신의 이미지를 가꾸어 가려는 노력의 일환이 될 수 있다.

　제품은 나름대로 소비자들에게 '특정한 이미지'로 각인되어 있으며 그러한 이미지로 인해서 구매력을 획득한다. 사람과 사람 사이에서도 이는 마찬가지의 개념이다. 어떻게 자신의 매력을 가꿀 것인지, 그리고 그것이 미래의 사람들에게 어떤 모습을 보일 것인지를 상상하는 것은 셀프 브랜딩을 위한 매우 중요한 단계임에 틀림없다.

나는 남들에게 어떻게 보여지고 있는가 ?

　바로 지금 현재 내가 남들에게 어떻게 보이고 있는가도 반드시 진단하고 넘어가야 한다. 그래야만 현재의 모습과 미래의 모습 사이에 발생한 간극과 오차를 줄여나갈 수 있으며 이를 통해 궁극적으로 통합된 셀프 브랜딩을 완성할 수 있기 때문이다.

　자신이 어떻게 보이고 있는가를 알기 위해서는 자신과 친한 친구의 이야기는 물론이고 객관적으로 자신을 봐줄 수 있는 상대가 필요하다. 고슴도치 부모는 자식을 보고 '세상에서 제일 예쁘다'고 말해준다. 이처럼 자신과 친한 사람은 자신에 대해서 긍정적인 이미지만을 가지고 있을 수 있기 때문에 그 말만 들어서는 곤란하다. 자신과 친하지 않거나, 혹은 심리적으로 서로 질투와 경쟁 관계에 있는 사람들의 말이 때로는 더 유용할 때가 있다. 그들은 보다 객관적인 위치에서 서서 당신을 평가해줄 수 있기 때문이다. 비록 그들의 평가가 실제 당신의 생각했던 모습보다 좀 더 악의적이거나 가혹할 수도 있다. 하지만 그 말들이 듣기 싫어 그들의 말을 참고하지 않는다면 달콤한 사탕만 먹겠다는 것과 진배 없다. 비록 입에는 쓰지만 몸에는 좋은 약을 먹어야 진정으로 건강한 육체가 유지될 수 있기 때문이다.

더불어 '내가 타인에게 어떻게 보이고 있는가' 라는 질문에서는 각각 장점과 단점, 그리고 남들이 지니지 못한 매력까지 파악하는 것이 중요하다. 특히 매력에 관해서는 좀 더 면밀하게 파악할 필요가 있다. 사람들에게는 자신도 잘 모르는 매력이 있게 마련이다.

이 매력은 셀프 브랜딩에 있어서 훌륭하게 좋은 요소로 작용한다. 자신의 매력을 더욱 발전시키고 이를 통해 타인에게 어필할 수 있는 강점을 가질 수 있기 때문이다.

내가 할 수 있는 것과 할 수 없는 것은 무엇인가?

자신에 대해서 마지막으로 파악해야 할 것은 자신이 할 수 있는 것과 할 수 없는 것을 정확하게 파악하는 일이다. 자신의 미래상에 대한 지나친 기대로 목표를 높게 잡는 것은 진정한 셀프 브랜딩을 하는 데 있어 장애가 될 뿐이다.

오히려 주변 사람들에게 '허황된 사람'이라는 이미지를 줄 수 있기 때문이다. 따라서 자신의 현재 위치, 그리고 현실적인 노력과 이를 기반으로 달성할 수 있는 합리적인 목표 하에서 자신이 할 수 없는 것은 과감하게 배제하는 용기도 필요하다.

나 브랜드 완성을 위한 질문 프로세스

나는 무엇을 원하는가?

(자신이 좋아하는 것, 이루고자 하는 것에 대한 성찰)

나는 타인에게 어떻게 보여지길 원하는가?

(자신의 미래상에 대한 구체적인 이미지 디자인)

나는 타인에게 어떻게 보여지고 있는가?

(객관적인 나의 이미지를 파악하여 간극(GAP)을 줄이는 반성)

내가 할 수 있는 것과 할 수 없는 것은 무엇인가?

(현실적인 단계별 성취를 위한 진단 및 분석)

나 브랜드를 한 줄로 표현한다면?

(자료를 근거로 자신만의 특별함, Something Special 찾기)

CEO들의 셀프 브랜딩 & 인맥 디자인 사례

그렇다면 이제 보다 구체적으로 셀프 브랜딩이 현실적으로 어떠한 힘을 가지고 있는지를 살펴볼 차례이다.

우리는 우리 사회의 성공한 인물로부터 그들이 어떻게 자신을 브랜드화하고 있으며 또 그것을 토대로 어떻게 인맥 디자인을 해나가고 있는지 확인해나갈 수 있을 것이다.

브랜드 컨셉트 1 : "존경스럽고 친근한 청년의 열정"
코엑스 정재관 전 대표이사 사장

정재관 코엑스 대표는 25년간의 청춘을 현대그룹에 바친 전형적인 '현대맨' 이다. 77년 현대종합상사에 차장으로 입사한 후 대표이사 사장과 부회장을 거쳤다. '효율적인 시스템을 통해 의사결정을 신속하게 할 뿐만 아니라 강인한 업무 추진력을 가지고 있다' 는 평을 받고 있다. 2004년 코엑스 사장 공개모집에 응모해 11명의 쟁쟁한 후보들을 제치고 신임사장으로 선임됐다. 취임 이후 직원들에게 '향후 5년 안에 동북아 최고의 전시컨벤션 리더로 성장한다' 는 비전을 제시하고 지속적인 변화와 혁신을 주도하고 있다.

정 대표는 늘 만면에 웃음을 띠고 있다. 외형적으로 보이는 정 대표의 이미지는 '마음씨 좋고 농담 잘하는 동네 아저씨' 다. '국내 최고의 종합상사 CEO 출신' 임에도 불구하고 격식을 차리거나 딱딱한 어조를 구사해 경직된 분위기를 조성하지 않는 것이다. 그와 몇 마디를 나누기 시작하면 금세 미소를 짓게 되고 편안한 마음이 된다. 이러한 외형적인 이미지는 그의 화려한 이력과 결합되면서 '존경스러우면서도 친근한' 독특한 CEO브랜드를 형성하게 된다. 이는 타인에 대한 강력한 흡입력으로 작용한다. 또한 실제 그는 일순간에 경직된 분위기를 무너뜨리는 탁월한 능력을 지니고 있기도 하다.

코엑스 신임사장 공모 당시 면접장에서의 일이다. 당시 LG상사 이수호 대표, 한국무역협회 김재철 회장, 주한미국 상공회의소 회장을 역임한 제프리 존스 등 쟁쟁한 인물들이 면접관이었다. 물론 평소 정 대표와는 친분과 교류가 많은 사람들이었지만 '면접'이라는 공식적인 자리에서는 늘 긴장될 수밖에 없는 법이다. 한 면접관이 질문했다.

"현대종합상사라는 거대한 회사에 있었으면서 이렇게 조그만 코엑스 대표를 하실 수 있겠습니까?" 참으로 복잡한 질문이 아닐 수 없었다. 뻔히 알면서도 괜히 물어보는, 그러면서도 은근히 속내를 건드리는 질문이다. 그는 짧게 대답했다. "스몰 이즈 뷰티풀(Small is Beautiful)."

면접관들의 얼굴에는 웃음이 피어올랐고, 그 한마디 말로 더 이상의 추가 질문은 던져지지 않았다. 그의 탁월한 유머감각을 엿볼 수 있는 대목이다.

그의 두 번째 CEO브랜드는 '실버 스타트(Silver Start)'로 요약되는 '청년의 열정'이다. 그가 현대종합상사에서 퇴직한 나이는 63세. 현대그룹의 50년 역사에서 자진해서 사퇴한 유일한 CEO이기도 하다. 남들은 ‘은퇴’라고 말했겠지만, 기실 그에게는 새로운 준비를 위한 ‘휴지기’의 단계였을 뿐이었다. 1년 2개월을 쉰 후 코엑스 사장으로 당당히 선임된 후 다시 활기찬 경영을 이끌어 가고 있기 때문이다. 흔히 ‘편안하고 안락한 황혼의 실버’를 준비할 때에 그는 다시 ‘역동의 실버’를 이끌어 낸 것이다. 정 대표의 이러한 CEO 브랜딩은 그가 ‘영원한 현역’, ‘샘솟는 청춘’이라는 강인한 이미지를 심어준다. 여기에 그의 경륜이 플러스알파가 되면서 풍성한 시너지 효과를 발산하게 된다. 하지만 이는 허구적으로 형성된 이미지만은 아니다. 정 대표는 “CEO는 신입사원 정도와 같은 체력과 사고를 가져야 한다. 그래야만 존경받을 수 있다”고 단언한다. 그의 하루에 만 보 이상을 걸으며 2시간 이상의 운동을 한다. 노래방에 함께 간 직원들은 혀를 내두를 정도이다. 도대체 모르는 최신곡이 없다는 것이다. 그는 늘 MP3를 들으며 최신곡을 연습한다고 한다. 나이는 숫자에 불과하다지만 그는 올해 65세. 한 마디로 정재관 대표는 ‘존경스러우면서도 친근한’, 그러면서도 ‘청춘의 정열을 가진 경륜의 리더’를 셀프 브랜딩하고 있는 CEO라고 할 수 있다. 이는 두 가지의 반대되는 이미지와 컨셉트(존경⇔친근, 청춘⇔경륜)을 통합하는 새로운 유형의 CEO브랜드라고 할 수 있다.

그의 인맥은 다방면에 뻗쳐있다. 한마디로 '왕마당발'이라는 이야기다. 주변에서는 '한국 경제계 인물 중에서 그와 연이 닿지 않는 사람은 없다'고 말할 정도이다. 지인(知人)들은 이렇게 이야기한다. '정재관에게 부탁해서 안 되면, 그건 대한민국에서 안 되는 일이다.'

그의 인맥의 다양성과 주변의 평가를 단번에 보여주는 말이다. 누군가 그에게 부탁을 해오면 그는 '가장 빠른 시간에 가장 확실하게' 그 결과를 알려주려고 한다. "상대방은 많은 생각을 한 끝에 저에게 부탁을 하지 않았겠습니까? 기왕 해줄 것이면 빨리 해주는 것이 중요합니다. 사실은 저 같은 사람에게 아직도 부탁할 게 있다는 것, 그것이 바로 복 받은 것이죠."

그는 기꺼이 즐거운 마음으로 상대방의 부탁을 들어준다. 그는 이를 '케어(care)'의 개념으로 설명한다. 자신이 상대방에게 최대한 케어해줄 때, 그것이 바로 상대방에게서 케어를 받는 비법이라는 것이다. 한마디로 인간관계에 있어 최대한의 성실성으로 배려를 하는 것, 이것이 그의 첫 번째 인맥관리의 비법이라고 할 수 있다.

또한 그의 인맥관리는 '작은 것'에서부터 시작된다.

"나의 첫 번째 인맥은 가족이다. 가족에게 존경받지 못하면 다른 사람에게도 존경받기 힘들다. 직장도 마찬가지다. 현재의 직장에서 자신의 능력을 보여주지 못하면 다른 직장에서도 마찬가지인 것이다. 나의 운명은 바로 나의 옆 사람으로부터 시작해 변하기 마련이다."

저녁 때 약속이 있을 때면 그는 반드시 집에 전화해 '오늘은 식사를 하고 간다'고 말할 정도로 '가족인맥'을 충실하게 관리한다. 신입사원들에게도 늘 '작은 것'을 강조한다. "벨이 2번 울리기 전에 전화를 받아라, 할 수 있는 것을 할 수 있다고 말하고, 할 수 없는 것은 할 수 없다고 말하라."

어쩌면 우리 삶을 가장 기본적인 원칙이라고 볼 수 있지만 그는 이러한 '작은' 원칙들을 끝까지 고수하고 있는 것이다. 이러한 교훈은 직원들에게만 훈시하는 것이 아니라 그 스스로로 철저하게 지키고 있다. 시간 약속이 가장 대표적인 것이다.

"비즈니스를 하기 위한 만남의 자리는 '전투'를 하는 것과 마찬가지다. 그런데 첫 만남에서부터 '늦어서 미안하다'라는 말을 하는 것은 애초에 전투에 지고 들어가는 것과 마찬가지다."

비단 비즈니스에서 뿐만 아니라 사람 간에 약속 시간을 지키는 것은 신뢰를 위한 가장 기초적인 것이라고 말한다. 어쩌면 정재관 대표의 '인맥관리 비법'은 특별한 것이 없을 수도 있다. 사실 그는 '인맥'이라는 말 자체도 그다지 좋아하지는 않는다. '전화를 잘 받아라, 약속을 잘 지켜라, 누군가 부탁을 해오면 빨리 들어줘라.' 우리가 살면서 그저 평이하게 들었고, '원칙'이라고 말해지는 것들뿐이다. 하지만 그의 작지만 소중한 원칙이 바로 '정재관에게 부탁하면 안 되는 것이 없다'라는 최고의 칭찬을 만들어 낸 것이다.

브랜드 컨셉트 2 : "문무(文武)를 겸비한 마케팅 덕장" KTF 조서환 전무

KTF 조서환 전무(한국 마케팅 연구회 회장)는 명실 공히 국내 마케팅 분야의 '최고 고수'라고 할 수 있다. 최근 그가 개최한 마케팅 관련 세미나에는 유료임에도 불구하고 300명이 넘는 사람들이 몰려 업계를 깜짝 놀라게 했다. 무료 세미나의 경우에도 고작해야 50여명이 오면 '성공했다'고 평가하는 마당에 그 '사건'은 조 전무의 영향력을 실감케 하는 대목이었다. 그는 또한 베스트셀러 작가이기도 하다. 『대한민국 일등상품 마케팅 전략(조서환 외 지음)』이 마케팅 분야

베스트 셀러에 오르기도 했기 때문이다. 그의 또 다른 책인 『한국형 마케팅』은 대학 교재로 채택될 정도로 많은 신뢰를 받고 있다.

그는 유니레버와 다이알코리아, 한국로슈를 거쳐 96년부터 애경산업에 근무했으며 마케팅 상무로까지 진급했다. 이어 2001년 KTF마케팅 전략실장 상무로 전격 스카웃된 후 현재는 마케팅 전무로 서울에서 근무하고 있다. 탁월한 영어 실력과 '마케팅 분야에서는 모르는 사람이 없을 정도'의 폭넓은 인맥을 갖추고 있다.

그의 CEO브랜드는 '문무를 겸비한 마케팅 덕장'이라고 할 만하다. 대학교재와 베스트셀러를 써 낼 정도의 탁월하고 정교한 이론으로 무장했을 뿐만 아니라 현장 분석력과 화려한 성공의 신화를 자랑하고 있고 거기에다 뚝심까지 갖춰 '장수'로서의 면모를 보여주고 있다.

애경산업에 근무할 당시 그는 샴푸와 린스가 결합된 '하나로 샴푸'를 대히트시켰으며 당시 '치약시장이 반으로 뚝 잘린 상태'에서 '젊은 치약'이라는 독특한 컨셉트로 접근한 '2080치약'으로 치약업계를 평정했다. IMF라는 한국 경제사에서 유래 없던 불황속에서 거둔 성공이었기의 당시 그가 발휘했던 마케팅 전략전술은 '전설'로 불리고 있다. 뿐만 아니라 KTF로 스카웃된 이후에는 여성을 타깃으로 한 '드라마'와 대학생 대상의 '나(Na)' 브랜드를 또다시 히트시키며 마케팅 업계의 1인자로 자리매김하게 됐다. 이러한 실전에서의 성공으로 인해 그는 단순히 '이론가'가 아니라 '문무(이론과 실전)를 겸했다'는 CEO브랜딩을 할 수 있었던 것이다.

또한 그는 미래를 바라보는 지혜와 뚝심까지 갖췄다. 애경 산업에 있을 때의 이야기다. 당시 애경은 생활용품 시장으로 사업을 다각화하면서 외국과의 합작을 통해서 신규 제품의 출시를 앞두고 있었다. 당시 애경에서 과장으로 일을 할 때 그의 직속상관은 모두 외국인들이었다. 그는 당시 외국인 상사와 말다툼을 하는 일이 잦았다. 외국인 상사들은 생활용품의 브랜드 네임을 외국이름으로 지을 것을 요구했지만 그는 단호하게 거절했던 것이다. 어느 날은 참다못한 외국상사들이 당시 장영신 애경 회장에게 '조서환 과장을 퇴사시켜라'고 요구했던 것. 도대체 이유가 궁금한 장 회장이 조 과장을 불러 무슨 일인지 물었다. 그가 그토록 외국 브랜드 네임을 쓰지 않았던 것은 먼 훗날을 생각했기 때문이다.

"회장님, 저들이 언젠가 떠날 때 그들은 브랜드를 가져갈 것입니다. 그러면 우리 애경은 막대한 돈을 들이고 헛수고만

한 꼴이 될 것입니다.”

장 회장은 눈이 동그래지면서 한동안 입을 다물지 못했다. 그 후 하나로 샴푸가 출시돼 대히트를 쳤으며 그는 애경그룹 최초로 과장에서 부장으로 쾌속승진을 했다. 옳지 않은 것에 대해서는 상사와도 과감하게 싸울 수 있는 자신감과 뚝심이 바로 오늘날의 그를 만들었다고 할 수 있다.

그가 오늘날 ‘마케팅 분야 1인자’ 라는 브랜딩을 하기까지는 ‘CEO브랜딩’ 에 대한 그의 명확하고 단호한 철학이 큰 몫을 차지했다.

“브랜드가 단순히 상표나 심벌을 의미하는 시대는 이미 지나갔다. 전자제품뿐만 아니라 과일, 농수산물, 심지어 사람의 인격까지도 브랜드화되어 가고 있다. 해당분야에서의 세분화된 시장에서 정확히 자신을 포지셔닝(positioning)하고 타깃팅(targeting)을 통해서 공략해야만 한다. 특히 이 브랜드에 있어서 가장 중요한 것 중의 하나는 바로 ‘신뢰’ 라는 것이다.”

실제 많은 출판기획자들이 마케팅 관련을 서적을 펴낼 때 조 전무에게 추천사를 부탁한다. 그의 추천이 들어갔다는 것만으로도 일종의 ‘개런티’ 를 보장받을 수 있다는 생각 때문이다.

　그의 인맥은 정치계를 비롯해 경제, 사회 등 다방면에 걸쳐 있으며 특히 학계, 그 중에서도 마케팅 분야에서는 마당발을 넘어서 '왕발' 수준의 인맥을 확보하고 있다. 그의 인맥관리의 비법이라고 한다면 그것은 바로 '희생'으로 요약된다. 일반적으로 인맥이라고 하면 학연과 지연, 혈연 등을 떠올리지만 그는 "무엇보다도 중요한 것은 도움을 요청했을 때 '자신을 희생하고 도와주는 사람이 진짜 인맥'이다"라고 말한다. 그래서 반대로 그 누군가와 인맥을 맺고 싶다면 '자신을 희생했다는 느낌'을 주어야 한다는 이야기다. 하지만 이것은 단순한 느낌이나 스킬이 되어서는 안 된다. 결국 이미 형성된 자기 자신에 대한 브랜드 퍼스낼리티를 기반으로 '젠틀하고 믿음직한' 모습을 보여주어야 한다는 이야기다. '마케팅의 달인' 답게 기존의 마케팅 요소와 사람을 연결시키는 독특한 철학을 가지고 있었다. 그는 "흔히 많은 마케터들이 4p(제품차별화, 유통채널, 판매촉진, 가격결정)라는 '마케팅 믹스'를 통하면 성공할 것이라고 생각하지만 꼭 그런 것은 아니다"라며 "바로 여기에 '사람'이 플러스 되어야 한다"고 말했다. 즉 마케팅의 요소만으로는 뚫을 수 없는 기존 소비자들의 저항과 자신이 속한 회사 내부의 반발이 장애요인으로 작용한다는 것이다. 바로 이러한 것을 돌파해나갈 수 있는 것이 바로 신념과 철학을 가진 인재이자 그 인재의 광범위한 인맥이라는 이야기다.

그의 인맥관리 성향은 '선택과 집중'이다. 물론 여러 가지 모임에 나가서 자신을 알리고 새로운 사람을 만나는 것도 중요하지만 그것만으로 인맥을 다져나갈 수 있다고 말하는 것은 착각이라는 이야기다. 조 전무는 "그렇게 할 바에는 차라리 전화번호부를 외우는 것이 낫지 않냐"고 말할 정도이다. 결국 한 사람 한 사람에 대한 선택과 집중을 통해서 신뢰를 쌓아나가는 것이 인맥관리의 가장 중요한 원리라는 것이다.

또한 그는 마케터답게 자기 스스로를 'SWOT분석' 하라고 충고한다. 이렇게 하면 자신의 장단점과 타인의 장단점을 잘 파악할 수 있고 이때에 가장 적절하게 인맥관리가 이뤄질 수 있다는 이야기다. 그는 "자기 브랜딩을 잘하면, 인맥관리는 저절로 된다"고 말한다.

브랜드 컨셉트 3 : "전문성을 앞세운 커뮤니티의 리더" 한글과 컴퓨터 조광제 상무이사

한글과 컴퓨터는 최근 워드프로세서 기업에서 본격적인

유비쿼터스 및 오피스웨어 선도그룹으로 변신 중에 있다. 제로베이스에서 시작된 한컴오피스의 시장점유율이 30%까지 치솟는 뛰어난 성과를 올렸으며 리눅스, 윈도, 맥킨토시에서 호환되는 '싱크프리오피스'를 통해 세계 시장 공략에 나서고 있다. 이러한 '한컴의 변화와 도전'의 가장 중심에 서 있는 인물이 바로 BI사업본부 조광제(40) 상무이사다. 89년 삼성물산 경영지원팀에 입사, 14년간 삼성그룹에서 '잔뼈'가 굵은 조 상무는 지난 2003년 한컴 해외사업본부장 이사로 자리를 옮긴 후 BI사업본부장 이사를 거쳐 지난 8월말 상무이사로 승진했다.

조 상무는 CEO 및 기업임원의 '브랜드'에 대해 비교적 명확한 철학을 가지고 있을 뿐만 아니라 그 스스로도 브랜딩을 위해서 많은 노력을 하고 있다. 조상무의 말을 한마디로 요약한다면 바로 '브랜딩은 이퀄'이라는 것. 그는 지식 정보화 사회에서 리더의 브랜딩을 위한 필요조건으로 2가지를 제시한다. 첫 번째는 자신의 전문 분야에서 책을 내는 일이다. 이를 통해 자신의 전문적인 소양을 확실하게 보여준다는 것이다. '안철수연구소'의 현 안철수 이사회 의장이 가장 대표적인 경우다. 물론 기업 내용 역시 철저하게 전문성을 쌓아왔지만, 그는 지속적으로 책을 발간하면서 자신의 이미지를 브랜딩해왔다고 볼 수 있다.

두 번째로는 웹이나 카페, 블로그를 통해서 관련 커뮤니티의 리더가 되는 것이다. 자신이 아는 사람뿐만 아니라 불특정 다수에게 존경을 받는 것이 브랜딩을 위한 기초 작업이다. 조상무는 정확하게 위의 두 가지 방법을 실천하고 있다. 최근 그는 『리눅스와 오픈소스의 비즈니스와 경제학』을 번역, 출간했다. 그는 스스로 '리눅스는 조광제다' 라는 브랜딩을 해나가고 있는 중인 것이다.

또한 그는 회사라는 커뮤니티에서도 확실한 리더임을 보여주고 있다. 그는 매주 목요일 전 직원들에게 이메일로 '목요편지' 를 보낸다. 그리 길지 않은 내용이지만 직원들과의 친밀한 관계의 형성을 위해서는 매우 유효한 방법이다. 목요편지에는 각종 경영이론, 마케팅 방법, 때로 재미있는 이야기도 서슴없이 적는다. 그는 목요편지의 효과에 대해 "직원들과 더 이상 긴 말이 필요 없다. 이제 눈빛만 봐도 서로 무엇을 원하는지 알 수 있을 정도가 됐다"고 말한다. 목요편지는 현재 『행복한 목요일』이라는 저서로 소개된 바 있다. 물론 회사는 '상사-부하직원' 의 관계가 형성되어 있어 기존의 '불특정 다수의 커뮤니티' 라고 볼 수는 없지만, 그들의 심리와 정서까지 리드한다는 점에서는 조 상무는 분명 '커뮤니티의 리더’라고 할 수 있을 것이다.

이러한 두 가지 방법을 통해 그는 스스로를 ‘고슴도치형 CEO’로 만들고 있다. 여우가 다방면에 재주를 지닌 CEO라면 고슴도치는 한 가지를 정확하고 강력하게 밀어붙이는 스타일이라는 것. 조 상무는 CEO브랜드에 대해서 이렇게 강조했다.

“미국의 투자자들은 회사를 보기보다는 CEO를 보고 투자하는 경우가 많다. 그만큼 CEO의 브랜드가 점차 중요해져 가고 있다는 증거다. 이제 많은 한국의 CEO들도 자신의 브랜드에 대해서 심각하게 고민하고 연구해야 할 시대가 온 것이다.”

그는 자신의 인맥관리 방법에 대해서 우선 ‘왕도가 없다’고 말한다. 할 수 있는 다양한 방법을 사용한다는 것이다. 특별한 하나의 원칙이 있다면 바로 ‘인생을 나눈다(Share the life)’는 것이다. 이는 일에서 만난 관계를 개인적인 관계로 승화시킴과 동시에 서로의 인생을 살아나가는 것 자체를 함께 해나간다는 의미다. 즉, 좋은 일도, 나쁜 일도 함께 하고 스스럼없이 연락하고 서로 긴밀한 협조를 한다는 것이다. 그래서 조 상무는 가족모임도 자주 만든다. 아내와 아이들도 서로 친하게 하고 이를 통해서 ‘인생을 나눈다’는 것을 실천한다는 이야기다. 한마디로 '끈끈한 사이' 가 되는 것이다. '인맥에 있어서 술과 골프는 어느 정도의 역할을 하는가' 라는 질문에 그는 '베스트(best)' 라고 말한다. 골프는 5~6시간 동안 함께 하면서 다양한 이야기를 나눌 수 있다는 장점이 있고, 술은 짧지만 강력하게 친밀감을 형성시켜준다는 점에서 꼭 필요한 자리라고 한다. 일주일에 3~4회는 저녁 술자리를 갖는다. 많이 마시면 소주 2병까지 마시지만 먹는 분위기 자체를 좋아하지, 술 자체에 그리 매력을 느끼지는 않는다고. 그래서 혼자 있을 때는 일절 술을 입에 대지 않는다.

삼성출신인 만큼 삼성 인력이 막강하지만 다채로운 편은 아니다. 그 이유는 95년부터 2004년까지 거의 9년에 가까운 시절 동안 해외근무를 했던 탓이다. 2004년 8월부터 국내 근무를 시작해 1년이 지나는 동안 약 10여 명의 '인생을 나누는' 인맥을 만들었다고 하니 그의 친화력과 인맥관리방법은 이미 검증되었다고 볼 수 있을 것이다.

그는 인맥을 맺는 것에 대해 매우 적극적인 스타일이다. 해당 분야에서 뭔가를 이뤄내고 인격적으로 존경할 만한 사람을 만나면 마음을 열고 스스로 먼저 노력한다는 것이다. 또한 '자주 보지 않으면 멀어진다(out of sight, out of mind)’는 원칙에 따라 매일 한 번 이상의 통화를 하고 자주 만난다고 한다. 조 상무는 “오랜만에 만나게 되면 할 이야기가 많을 것 같지만 사실은 그렇지 않다”며 “오히려 자주 만나서 이야기를 해야 더욱 할 이야기들이 풍성해지고 상대를 깊게 알 수 있다”고 말한다.

그러나 그는 인맥에 관한 역설적인 원칙을 하나 가지고 있다. 이른바 ‘인생에 인맥이 미치는 영향은 30%정도도 되지 않는다’는 것이다. 하지만 그가 인맥이 중요하지 않다고 생각하는 것은 아니다. 다만 인맥을 관리하거나 맺어나가기 전에 확실하게 그 자신의 능력이 우선 되어야 한다는 이야기다.

“지금은 지식이 공유되는 세상이기 때문에 특정한 사람만을 통해서 무언가를 이뤄낼 수 있는 것은 아니다. 오히려 더욱 중요한 것은 부끄럽지 않을 정도의 자기 능력이 있어야 한다는 점이다. 인맥을 활용해 ‘비비는’ 시대는 갔다고 할 수 있다.”

또 그는 인맥을 ‘이용하는’ 잘못된 행태에 대해서 비판을 하기도 했다. 인맥이란 기본적으로 ‘함께 고생하고 함께 즐거워야 하는’ 동고동락이 되어야 함에도 불구하고 때로 경제적인 문제에 부딪혔을 때 지나친 욕심으로 이해관계를 극명하게 노출하면서 다른 사람으로 변하는 경우라고 한다. 쉽게 말해 경제적인 목적 하에 의도적으로 친한 척을 하며 '접근'을 했다가 나중에 배신을 하는 경우가 있다는 것이다. 이는 그의 인맥관리 원칙인 '인생을 나눈다'는 점에서 볼 때 가장 최악의 경우라고 할 수 있을 것이다.

그는 인맥 관계에 놓여 있는 사람들에게 무엇인가를 부탁할 때도 먼저 '상대방에게 윈(win)이 있는가'를 최우선으로 생각한다고 한다. 상대방에게는 아무런 도움도 되지 않으면서 자신의 어려움만 해결하려들지 않는다는 이야기다. 또한 조 상무는 인간관계의 가장 기본으로 '매너'를 들었다. 비즈니스를 할 때에도 매너 좋은 사람이 매력적이듯이 인간관계를 맺어나갈 때에도 매너가 있어야 한다는 것이다.

브랜드 컨셉트 4 : "신뢰를 기반으로 하는 단호한 원칙" 인크루트 이광석 대표이사

취업과 인사 분야에서 유일한 상장기업인 인크루트 이광석 대표이사의 나이는 올해 34살이다. 수없이 많은 20~30대의 벤처 스타들이 나타나고 사라졌지만 그는 98년 인크루트를 설립한 이후 꾸준한 성장세를 기록하며 오늘에 이르고 있다. 그는 97년 국내 최초의 한영 디렉토리 서비스인 '집(ZIP)'으로 사업을 시작했다.

사실 그는 스스로를 '외향적이지도 않고, 사교적인 편도 아니다'라고 말한다. 하지만 주변에서는 '생각과 원칙이 분명하고 한 가지를 줄기차게 파고 들어가는 뚝심 있는 성격'이라고 평가하고 있다. 2004년 중소기업청 '모범청년기업가상'을 수상했고 『네 나이에 CEO가 될 수 있다고 생각하니?』라는 저서도 펴냈다.

이 대표에게서는 흔히 '청년 사업가'라고 하면 떠오르는 강렬하고 전투적인 이미지는 찾아보기 힘들었다. 인터뷰를 하면서도 화려한 수사와 현란한 제스처를 사용하지도 않는다. 겸손하면서도 조용한 말투, 그리고 과장이나 왜곡을 하지 않는 것이 오히려 이 대표에게 '신뢰'라는 이미지를 브랜딩을 하고 있었던 것이다. 그의 이러한 '신뢰' 브랜딩에는 그의 철저한 원칙주의도 큰 몫을 하고 있다. 한번은 이런 에피소드가 있었다. 인크루트 웹사이트에 동종업계의 경쟁사가 나란히 광고가 된 것을 본 광고주가 '조치를 취하지 않으면 광고를 취소하겠다'고 연락을 해왔던 것이다. 하지만 이 대표는 '모든 회사, 모든 사람들에게 똑같은 경쟁기회가 주어져야 한다'는 원칙하에 광고주를 설득했고, 그의 원칙은 지금까지도 지켜지고 있다.

그는 누군가의 부탁을 받을 때는 최대한 빨리 예스(yes)와 노(no)를 결정해주는 타입이기도 하다. 스스로 하기 힘들 경우라면 지인을 통해서라도 해결해주려는 배려를 아끼지 않는다.

그의 이러한 원칙과 행동은 인맥관리에서도 그대로 적용되고 있다. '인크루트라면 믿을 수 있다'는 인식이 광범위하게 퍼져있는 것도 그의 이러한 신뢰와 원칙에 따른 경영, 그리고 CEO의 브랜드 이미지 때문이라고 할 수 있다.

그는 자신의 인맥형성과 관리를 '업데이트(update)'라는 개념으로 풀어나간다.

"비즈니스는 인간관계의 본질이라고 할 수 있고 이는 신뢰를 통해서 이뤄진다. 그리고 이 신뢰라는 것은 바로 업데이트에 의해 형성된다."

그가 말하는 업데이트는 바로 신뢰라는 끈의 두께를 더욱 강하게 만드는 것이다. 그 사람의 고민과 괴로움, 회사의 현황 등을 수시로 알고 논의했을 때에만 진정한 인맥이 형성된다는 이야기다.

사실 처음 사업을 시작할 때 그는 '많은 사람을 아는 것이 중요하다'고 생각했다. 하지만 지금은 광범위한 인맥보다는 '핵심적인 인맥'을 만드는 것을 더 선호하는 편이라고. 그래서 '평생 가는 크레딧(credit)'을 만드는 것이 목표라고 한다. 가장 가까운 사람부터 챙기는 스타일이기도 하다. 멀리 있는 2차, 3차 인맥보다는 퇴근 후 만나는 사람, 동료 등이 가장 소중한 사람들이라는 것이다. 그렇다고 이 대표가 '몇몇 지인들'만 교류하는 것은 절대 아니다. 그의 PDA폰에는 약 4천여 명에 가까운 사람들의 정보가 들어있고 회사의 현황을 알리는 이메일은 약 2천5백 통 가량이 보내진다.

인맥의 형성에 있어서 '술과 골프'의 역할에 대해서는 한 컴의 조광제 상무와 비슷한 입장이다. 한마디로 '투자를 많이 한다'는 것이다. 특히 골프를 칠 때 사람들의 성격을 제대로 파악할 수 있다고 한다. 게임이 잘 될 때와 되지 않을 때 극명하게 달라지는 사람들의 모습을 보면 어떤 스타일인지 파악이 가능하기 때문이다. 술의 경우 자신을 드러내지 않으면 남을 알 수도 없기 때문에 '다소의 리스트(Risk)'가 있기는 하지만 역시 친밀함 형성에는 최고의 수단이라고 말한다.

'인맥에 있어서 가장 중요한 것이 무엇이라고 생각하는가'라는 질문에 그는 '상호이익'이라고 말한다.

“서로가 서로에게 도움을 주지 않는 관계는 오래 지속되지 못한다. 물론 ‘도움’ 이라는 것이 꼭 경제적인 것을 의미하는 것은 아니다. 정신적인 안정감과 스트레스 해소, 함께 있다는 즐거움 역시 도움의 범주에 속하는 것이다. 또한 사실은 모두가 본질적으로는 비즈니스를 하고 있다는 점을 이해하고 이를 인간관계 형성에 참고를 하는 것이 중요하다.”

그는 직원들조차도 ‘인맥’ 으로 분류하고 그들에게 신뢰를 주기 위해 노력하고 한다.

“나는 천문학을 전공해서 인간이 얼마나 유한하다는 것을 잘 알고 있다. 아무리 머리가 좋아도 하루에 주어지는 시간은 24시간일 뿐이다. 좋은 사람을 내 곁에 있게 하는 것, 그리고 그들이 배신감을 느끼지 않게 하는 것, 이것이면 충분하다.”

인생에서 가장 중요한 것 중의 하나라고 할 수 있는 ‘취업과 인사’ 를 비즈니스 컨셉트로 하는 이광석 대표. 그렇기에 그에게 ‘신뢰’ 라는 CEO브랜드와 겸손한 인맥관리는 충분히 성공한 것으로 보인다.

브랜드 컨셉트 5 : "소프트 커뮤니케이션, 하드 워킹"
아우디 코리아 손을래 회장

아우디 코리아 손을래 회장은 한국시장 내에서 수입차의 확산과 정착에 커다란 공헌을 한 인물이다. 1990년부터 2002년까지 한성자동차 부사장직을 역임했으며 그 후 메르세데스-벤츠 코리아의 부사장직을 맡았다. 2004년부터는 한국수입자동차협회(KAIDA) 회장직을 맡기도 했다. 지난해 6월 아우디 코리아 회장으로 선임되면서 아우디의 국내 매출 상승과 이미지 개선에 커다란 공을 세웠다. 자동차 업계에 몸을 담기 이전에는 15년간 종합상사에 근무했다. 그는 주변인들로부터 '독특한 방식의 대인관계를 맺어가고 있다'는 평을 듣고 있다. 이른바 모든 리더들이 '카리스마'를 논할 때, 그는 정반대의 방식으로 직원들을 독려하고 있었으며, 또한 모두들 '권위'를 통해 사람을 움직이려고 할 때, 그는 '친근함'이라는 컨셉트로 사람들의 '마음'을 빼앗고 있었다.

매일 아침 아우디 코리아에서는 진풍경이 벌어진다. 다름 아니라 손 회장이 직접 직원들을 한 명 한 명 찾아다니며 일

일이 악수를 하면서 사소하지만 정감어린 대화를 나누는 것
이다. 잠시 대화를 엿들어 보자.

〈CASE 1〉
(직원 A와 악수를 하는데 좀 피곤해보이고 술 냄새가 난다.)
손 회장 : 야, 너 어제 술 많이 먹었니?(귓가에 속삭이며)
　　　　몰래 가서 사우나 좀 하고 와.
〈CASE 2〉
직원 B : 회장님, 빨간색 넥타이가 너무 튀어요.
손 회장 : 에이, 그렇게 말하지 말고, 인물이 좀 좋다고 해봐라.
〈CASE 3〉
직원 C :안녕하세요!
손 회장 : 너 어제 아침에는 자리에 없더라. 나 보기 싫어서
　　　　피했니?
직원 C : (웃음)아침에 급히 출장이 있어서요.

　도저히 '회장과 직원' 간에는 오갈 수 없는 듯 보이는 대
화들이 아우디 코리아에서는 일상풍경처럼 이뤄진다. 이러
한 매일 아침의 '악수 조회'는 회장과 직원간의 결속력을 강
력하게 해주는 하나의 정기적인 이벤트이자 또한 조직 내의

분위기를 늘 최고조에 머물게 하는 계기가 되어 준다. 이 악수 조회는 단 하루도 거르지 않고 매일 이행되고 있으며 설사 손 회장이 일정 때문에 오후에 출근을 하더라도 마찬가지다. 하지만 위의 케이스에서도 봤듯이 악수조회에서는 심각한 말들이 오가지 않는다.

일에 관한 말이라면 '그때 그 일은 어떻게 되어가고 있니?'라고 간단히 진행상황을 체크하는 것에 머무른다. 손 회장에게서 '아우디 코리아 회장'이라는 명칭만 제거한다면 그는 영락없는 '마음씨 좋은 이웃집 아저씨', '친근한 삼촌'의 이미지다. 바로 이것이 손 회장의 독특한 브랜딩이다. 직원들이 고개를 숙여 복종하기를 바라기보다는 먼저 다가가 친근하게 대하며 그들의 자발적인 의지를 끌어내는 것. 일종의 '서번트 리더십'이라고 할 수 있을 것이다. 거기에 그는 겸손함, 그리고 태생적으로 낙천적인 성격을 가지고 있다.

아는 사람들과 골프를 칠 때에도 승부에 집착하기보다는 그저 함께 노는 것이 더욱 즐겁다고 한다. 다른 사람이 못 치면 약올리기도 하고, 또한 자신이 못 치면 약올림 당하기도 한다는 것이다. 자신에 대한 약올림 자체를 즐길 수 있는 것은 흔한 말로 '보통이 아닌 내공'이라고 할 수 있다. 또한 그는 나이가 적은 사람이나 많은 사람이나 차이를 두지 않고 대하며 늘 스스로를 낮추는 것을 미덕으로 삼고 있다.

이는 손 회장이 사람들을 평가할 때 나이, 돈, 권위를 크게 따지지 않는다는 이야기이다. 오히려 하나의 인격과 인격으로서 그들을 대하는 '인간적인' 모습이라고 할 수 있다.

하지만 일에 관한 한 그는 매우 '전투적'이다. 그 스스로 '물러서지 않는다'고 표현할 정도다. 이러한 그의 공격적인 업무 스타일은 15년간의 종합상사 이력에서 기인한다. 당시는 정말로 '죽기 살기로 뛰었으며' 이러한 성향이 아직도 그에게 남아있는 것이다. 심지어 종합상사 근무 당시 그의 생활신조는 '오늘 할 일을 내일로 미루자'였다. 너무나도 할 일이 많은 나머지 이 모든 것을 다 처리하려면 건강이 위협받을 정도였기 때문이다.

손을래 회장의 전체적인 브랜딩은 친근하고 겸손하지만, 일에 대해서 만큼은 결코 물러서지 않는 '소프트 커뮤니케이션(soft communication), 하드 워킹(hard working)'을 보여주고 있다. 어쩌면 이는 바로 모든 사람들이 바라는 가장 이상적인 리더십일지도 모른다.

인맥에 관해 그는 "학연과 지연 등이 특혜는 아니지만 판단과 결정을 내릴 때에는 도움이 될 수 있다"며 "하지만 인맥을 위해서는 '기본'을 갖추고 그로부터 신뢰를 주어야 한다"고 말한다. 특히 신뢰부분에 있어서 손 회장은 완벽을 추구하는 성향이다. 혹여 누군가가 '각서를 써달라'고 말하면 그는 늘 '내 말이 곧 각서다'라고 말한다고 한다. 손 회장은 어렸을 때부터 어른들로부터 '말과 행동에 책임을 져야한다'는 교육을 철저하게 받고 자라왔다.

그 때문인지 그는 자신의 말과 행동에 책임을 지기 위해서 게을리 하지 않아왔다는 것이다. 또한 그는 인맥에 있어서 '기본'을 지키는 것이 매우 중요하다고 강조한다. 아무리 능력이 좋아도 기본적인 사람과 사람간의 할 도리를 지키지 못하면 안 된다는 것이다.

브랜드 컨셉 : "이질적인 것들의 조화와 통합"
이미지디자인 컨설팅 이종선 사장

'이미지디자인컨설팅'의 이종선 사장은 국내 PI(Personal Identity) 시장의 개척자라고 할 수 있다. 지난 10년간 교육업체 수 500군데, 수강생만 100만 명을 넘어선다. 여기에 개인적으로 PI컨설팅을 받은 사람만 해도 400여 명이 넘는다. 국내 최고 경영자의 PI는 상당수 그녀를 통해서 형성됐다고 해도 과언이 아니다. 하지만 그녀가 애초부터 PI컨설턴트로 나서려고 했던 것은 아니다. 항공사 스튜어디스로 근무하던 중 후배들의 친절교육을 맡으면서 '이것이 천직이다'라고 느꼈다는 것이다.

그녀의 일상을 과장해서 말해보자면 '새로운 사람 만나기'다. 끊임없이 새로운 교육생과 CEO들을 만나는 것이 그녀의 하루 일과라고 해도 과언이 아닌 것이다.

이종선 사장은 PI컨설턴트답게 'CEO브랜딩' 역시 '디자인'의 개념으로 접근하고 있다. 예를 들어 노트북, 오디오 등 가전제품의 제작 기술이 일정 수준에 오르는 상향평준화 단계에 도달하면 그때부터는 디자인이 해당 제품의 가치를 좌우한다는 것이다. 이와 같은 맥락에서 시장이 어느 정도 포화상태가 되기 전까지는 '조직의 이름'이 중요한 단계지만 그 이후부터는 조직의 이름보다는 CEO개인의 이름이 더욱 중요해진다는 것이다. 즉, CEO브랜딩이라는 것은 전자제품의 디자인과 같다는 이야기다.

결국 CEO브랜딩이 향상되면 해당 회사의 제품, 혹은 서비스의 가치 역시 달라질 수밖에 없다. 하지만 그녀는 "이미지이든, 브랜드든 일종의 '포장' 이라고 생각하면 오산"이라고 충고한다. 능력도 없으면서 이미지로써 모든 것이 '커버' 될 수는 없는 것이다. 일시적으로는 가능할지 모르겠지만 진실이 드러나면 오히려 큰 배신감을 느낄 수밖에 없기 때문이다.

따라서 이미지, 혹은 브랜딩을 할 때에는 해당 CEO의 '본질적인 가치' 를 끌어내서 그것의 부족함을 매워주는 방식으로 진행되어야 한다. 그렇다면 수없이 많은 CEO들의 개인 이미지를 컨설팅해준 이종선 사장의 자신의 브랜드는 어떻게 관리를 하고 있는 것일까.

만약 사진으로만 그녀를 본다면 대부분의 사람들이 '냉철하고 이성적' 이라는 이미지를 떠올린다. 이 사장은 "지금은 그래도 오히려 나아진 것이다. 지금보다 더 젊었을 때는 '깍쟁이' 처럼 보인다고 말하는 사람도 있었다"고 한다. 하지만 놀랍게도 현실에서의 그녀는 '개그맨 수준' 의 유머를 능수능란하게 발휘할 줄 아는 CEO다. 특히 이러한 능력은 그녀의 강의에서 유감없이 발휘된다. 전혀 예상치 못한 의외의 유머가 터져 나올 때 강의실의 분위기는 가히 폭발적인 호응으로 변하고 만다. 이는 '균형감각' 으로 풀이할 수 있다. 그녀의 유머감각은 선천적인 것일까, 아니면 노력에 의해 길러진 것일까.

"원래는 대중들을 대상으로 한 유머러스한 감각은 없었다. 그리고 사실 새침한 성격이기도 했었다. 하지만 강의를 하고 수많은 사람들을 만나면서 '절실한 필요'에 의해서 길러진 것이라고 할 수 있다. 강의의 집중도를 높이고 분위기를 이끌어가기 위해서 많은 노력을 했다."

'냉철하고 이성적인 모습이지만 의외의 유머를 가지고 있는 CEO'. 이것은 바로 이종선 사장의 '균형감각'을 엿볼 수 있는 브랜드이다. 두 가지의 이질적인 모습이 하나가 될 때에는 때로 이물감이 느껴지고 어색하기도 하지만, 이러한 과정을 조화롭게 녹여내는 것이 바로 그녀의 능력인 것이다. 즉 '소탈하되 만만해보이지 않는', '열정적이지만 여유는 가지고 있는', '냉정하지만 유머를 가지고 있는' 방식으로 이 두 가지의 요소가 그녀의 자기 브랜딩에 녹아있다.

인맥분야에 있어서 그녀가 중요하게 생각하는 원칙 중의 하나는 바로 '무언가를 바라지 않고 도와주는 것'이다. 최근의 에피소드다. 어느 유명 회사의 CEO가 점심식사를 하면서 한 가지 제안을 했다.

"이 사장님, 제가 맛있는 점심을 살 테니까, 대신 나에게 소개시켜줄 좋은 사람 2명을 데리고 나오세요."

이 사장은 곰곰이 생각해봤다. 어떤 사람을 데리고 나가면 좋을까. 해답은 '평소에 그녀에게 대가 없이 도움을 주었던 사람'이었다는 것. 결국 그 2명은 평소의 도움으로 인해 이 사장으로부터 보다 좋은 인맥을 소개받을 수 있었던 것이다. 이를 뒤집어 보면 독자에게도 마찬가지로 적용될 수 있는 것이다.

인맥부분에 대해서 이 사장은 "한국 사람들은 좋은 인맥은 감춰두고 남에게 잘 소개시켜주지 않으려고 하는 경향이 있다"며 "하지만 인맥은 서로 연결될수록 더욱 강해지는 근육질과 같은 것이다"라고 말한다. 따라서 자기 스스로가 역동적인 인맥의 질서 속에 편입되고 싶다면 스스로 좋은 인맥을 많은 사람들에게 소개시켜주라고 충고한다.

이 사장은 또한 '인맥 관리'에 대해 아주 재미있는 이야기를 했다. 일반적으로 '인맥 관리'라고 하면 인위적인 냄새가 풍기기 때문에 이를 좋지 않게 생각하는 사람들도 있다. 하지만 그녀는 '수면자 효과에 대응하기 위한 인맥 관리의 필요성'을 역설한다. 수면자 효과(sleeper effect)는 초기에 입력된 정보가 시간이 점차 흐를수록 망각되어 가는 것을 말한다. 즉, 처음 소개받고 명함을 교환하고 정답게 인사를 했다고 하더라도 차츰 잊혀지기 시작해 진정한 인맥이 되기는 힘들다는 것.

따라서 이러한 잠자는 인맥을 '깨우고', '연결하고', '각성시키기' 위한 인맥 관리가 필요하다는 이야기다. 지나치게 오래 자면 잠을 깨우고, 감기에 걸리면 약을 먹고, 몸이 찌뿌드드하면 운동을 하듯이, 인맥관리도 마찬가지의 개념이라는 이야기다.

특히 이런 인맥관리에 있어서 무엇보다도 중요한 것은 '인간적인 면'이라고 이야기한다. 이 사장은 "사람들은 타인이 능력이 있고 탁월한 실력을 발휘할수록 더욱 인간적인 면을 보기 마련"이라고 말한다. 따라서 스스로 능력이 있다고 자만하는 사람들에게는 절대로 지속적인 인맥이 연결되기 힘들다고 한다. 가장 기본적으로는 전화를 못 받았거나 통화 중이었으면 남겨진 전화번호로 반드시 다시 전화를 되거는 사람들이 있다고 한다. 바로 이러한 사소한 인간적인 면들이 자신의 인격을 드러내고 또한 원활한 인간관계가 가능하고 한다.

이 사장이 지적하는 좋지 않은 인맥관리 방법의 하나는 만나자 마자 뭔가 일을 함께 하자고 성급하게 대드는 스타일이다. 예를 들어 처음 만난 자리에서 서로 골프라는 취미를 공유하고 있을 때 대뜸 '그러면 우리 함께 골프나 치러 갑시다’라고 제안하는 경우가 있다고. 하지만 이는 남녀사이에 만나자 마자 ‘그러면 우리 결혼합시다’라고 말하는 것과 크게 다르지 않다고 한다.

그들의 공통된 브랜드 전략

이로써 총 6명의 경영자들이 가지고 있는 '자기 브랜드 기법과 인맥 관리비법'을 분석해 보았다. 상세 내용에 있어서 각 경영자들 사이의 공통점도 있었고 차별점도 있었지만 대체적으로 그 핵심적인 맥락은 크게 다르지 않았다. 이들이 구사하고 있는 공통적인 브랜딩 및 인맥 관리 비법의 공통점은 다음과 같다.

[나 브랜드 분야]

① 브랜드의 중요성을 누구보다도 잘 알고 있다

가장 단순한 것처럼 들리지만 또한 가장 중요한 것 중의 하나이다. 이들은 공통적으로 '이제 CEO 브랜드 시대가 왔다'는 명제에 충분히 동의하고 있었으며 또한 스스로 이를 위해서 의식적인 노력을 기울이고 있다는 점이다.

한글과 컴퓨터 조광제 상무는 '브랜딩은 이퀄이다'라는 확고한 명제를 설정하고 있었다. 그 스스로는 '리눅스=조광제'라는 등식을 위해 노력을 하고 있다. 이것이 또한 자기 브랜딩에 있어서 가장 중요한 원칙이라는 이야기다. 나아가 조 상무는 미국의 사례를 들면서 "이제 많은 한국의 CEO도 자신의 브랜드에 대해 심각하게 고민하고 연구해야 할 시대가 왔다"고 단언했다. KTF 조서환 전무는 마케팅 전문가답게 CEO의 자기 브랜딩에 대해서도 명확한 입장을 가지고 있었다. 조 전무는 지금의 시장 트렌드를 두고 '인격까지 브랜화되는 경향을 나타내고 있다'고 진단하면서 "브랜드가 단순히 상표나 심벌을 의미하는 시대는 갔다. 해당 분야의 세분화된 시장을 정확한 자신의 포지셔닝(positioning)과 타깃팅(targeting)을 통해 공략해야 한다"고 역설했다. 이미지디자인컨설팅 이종선 사장은 '디자인'이라는 개념으로 브랜딩에 접근하는 독특한 철학을 보여주었다. 특정시장이 기술적인 포화상태에 이르렀을 때는 디자인이 수려할수록 제품이 더욱 잘 판매되듯이 CEO의 브랜드가 잘 '디자인' 되었을 때 해당기업의 가치 역시 더욱 상향조절된다는 이야기다. 하지만 이사장은 이러한 자기 브랜딩을 '겉치레의 포장'이 아니라 '본질적인 가치'라고 규정한다. '어설픈 포장'은 훗날 더 큰 배신감을 불러오기 때문에 오히려 부작용을 발생시킨다는 이야기다.

모든 의식적인 노력의 첫 출발점은 자신의 목표하는 바에 대한 철저한 인식에서부터 시작된다. 스스로 브랜딩에 대한 명확한 철학과 개념을 가지고 있을 때에만 원하는 브랜딩이 이뤄진다는 점을 우리 시대의 오피니언 리더들은 반드시 기억하고 있어야만 한다.

② 커뮤니케이션의 달인들이다

커뮤니케이션은 일반적인 한국어의 '의사소통'과는 좀 다른 함의를 가지고 있다. 단순히 의사를 주고받는 차원이 아니라 그것을 통해서 상대를 나에게로 끌어당기거나, 혹은 자신이 상대의 마음속으로 파고들어가는 것이 진정한 의미의 '커뮤니케이션'이라고 할 수 있다. 그런 점에서 조직의 리더는 이러한 커뮤니케이션의 달인이 되지 않으면 안 된다.

이렇게 하기 위한 첫 번째 중요한 점은 자신의 인상을 매우 편안하게 만드는 것이다. 가장 대표적인 경영자는 바로 코엑스의 정재관 대표와 아우디 코리아의 손을래 회장이다. 두 경영자는 공통적으로 매우 유연하면서도 친근한 인상을 가지고 있다. 정재관 대표는 늘 웃음을 만면에 띠고 있으면서 '마음씨 좋고 농담을 잘하는 동네아저씨' 같은 인상을 가지고 있다. 손을래 회장도 마찬가지다. 처음 인상은 다소 딱딱하게 느껴질지 모르지만 그와 대화를 시작하다 보면 5분도 지나지 않아 그의 유머감각과 소탈한 성격을 느낄 수 있다. 정재관 대표는 최신 노래를 연습하면서 젊은 직원들과 노래방에서 격이 없이 어울리며, 손을래 회장은 아침 악수 조회시간을 통해 전날 술 마신 직원에게 '몰래 가서 사우나를 하고 와라'고 귓속말을 할 정도로 인간적이다. 어떻게 보면 기존의 '카리스마 있는 리더'의 개념에서는 정면으로 빗나간다고 할 수 있다. 하지만 위에서 언급했듯이 커뮤니케이션이 '타인을 내 속으로 끌어당기거나 내가 타인으로 들어가는' 과정이라고 본다면, 두 경영자는 이런 점에서 탁월한 커뮤니케이션 능력을 지니고 있는 것이다.

하지만 꼭 인상 자체를 부드럽게 만들려고 노력할 필요는 없다. 이미지디자인컨설팅 이종선 사장은 처음 만났을 때 '바늘로 찔러도 피 한 방울 안 날 정도'의 차가운 인상을 가지고 있다. 하지만 곧 그녀에 대한 인상은 '반전'이 된다. 강의를 할 때는 '개그맨 수준의 농담'을 구사하고, 약간의 곤란한 질문을 받았을 때는 표정까지 재미있게 하면서 상황을 돌파하는 유연한 커뮤니케이션 능력을 지니고 있다. 인쿠르트 이광석 대표의 경우는 이 두 가지의 경우와도 또 다른 면모를 지니고 있다. '아주 친근하거나', 혹은 '아주 재미있지도 않으면서' 나름대로의 명확한 커뮤니케이션 구사 능력을 지니고 있다. 그는 매우 논리적인 한편 과장된 화법을 극도로 회피하면서 상대에게 정확한 자신의 메시지를 전달하고, 또한 상대의 말을 확실하게 받아들이는 모습을 보여준다. 한글과 컴퓨터의 조 상무는 이메일을 통해서 직원들과의 커뮤니케이션을 주도하는 스타일이다.

각각의 성향이 어떻든 간에, 가장 중요한 것은 이들은 대화와 인상, 제스처과 글을 통해서 상대를 자신의 편으로 만드는 능력을 지니고 있다는 점이다. 그러나 보다 중요한 것은 이들의 방법이 '하드(hard)' 하기보다는 '소프트(soft)' 한 성향을 지니고 있다는 점이다. '강한 것이 약한 것을 이긴다'는 교훈이 다시 한 번 위력을 발휘하고 있는 것이다.

60~70년대의 '개발중심 경제 드라이브'에서 가장 필요했
던 것은 '선두에서 부하들을 독려하는 카리스마를 발휘하는
장군형'의 CEO였는지도 모른다. 하지만 이제 경영환경도
달라지고 직원들의 의식도 달라졌다. 소프트하면서도 내부
적으로 강력한 흡입력을 가진 소프트한 커뮤니케이션이 필
요한 시대라고 할 수 있다.

③ 전문가적 자질을 위해 책을 쓴다

우리 사회에서 '전문가'로서의 능력을 가장 단적으로 보
여줄 수 있는 매개물이 있다면 그것은 바로 책이다. 해당 분
야에 대한 전문적인 책을 펴냈을 때 많은 사람들은 그를 '전
문가'로서 우대하는 경향이 강하다. 이를 가장 잘 실천하고
있는 경영자는 KTF의 조서환 전무이다. 그의 저서 『한국형
마케팅』은 대학의 교재로 채택될 정도로 인정을 받고 있으며
지난 6월에 발간한 『대한민국 일등상품 마케팅전략』은 교보
문고 집계 베스트셀러 4위에 오를 정도였다. 1위부터 5위 가
운데 국내 저자의 서적은 유일했으니, 그를 '국내 마케팅 서
적의 최고 베스트셀러 필자'라고 해도 과언이 아니다. 그의
이러한 전문성은 출판시장에서 일종의 '개런티'로 작용하기
도 한다. 출판기획자들이 여타 마케팅 서적을 기획하면서 조

전무의 글을 '추천사'로 활용하는 것이다. 즉, 그의 이름 석 자가 추천사에 들어갔다는 것으로 권위를 인정받게 되는 것이다.

이종선 사장도 마찬가지로 인맥 및 리더십 관련 분야에서 국내 최고의 전문 필자로 인정받고 있다. 『따뜻한 카리스마』의 대박에 이어 번역물 『혼자 밥 먹지 마라』가 출간하자마자 히트를 기록하고 있다. 한컴의 조광제 상무 역시 『리눅스와 오픈 소스의 비즈니스와 경제학』을 번역 출간했다. 이 책의 경우 전문서적이기 때문에 대중적인 '대박'을 기대할 수는 없지만 관련 분야에서는 이미 그 입소문이 나고 있는 상황이다. 또한 『행복한 목요일』 등이 있다. 인쿠르트 이광석 대표 역시 『네 나이에 CEO가 될 수 있다고 생각하니?』라는 저서를 펴냈다. 전문서적은 아니지만 '젊은 나이'와 'CEO'이라는 두 가지 이질적인 요소를 대비시켜 자신의 존재를 확실하게 부각시킨 서적이라고 할 수 있다.

물론 책을 펴낸다고 모두 그 분야에서 전문가인 것은 아니다. 하지만 이는 전문가로서 인정받을 수 있는 '필요조건'임은 부인할 수 없다. 나아가 우리가 보다 관심있게 주목해야 할 사항은 바로 경영자의 전문성에 대한 브랜딩과 서적의 출간이 '시너지 효과'를 통해 묘하게 상호보완작용을 한다는 점이다. 책을 통해서 전문가로 인정받고, 그 책을 쓰는 과정을 통해서 다시 전문적인 지식을 정리하고, 이를 기반으로 다시 더욱 전문적인 책을 쓸 수 있다는 이야기다. 이런 면에서 봤을 때 전문서적을 쓰거나 번역하는 일은 단지 자신을 과시하기 위한 것이 아니라 어쩌면 '전문가로 가는 과정의 수련과정'일 수도 있다는 점이다.

[인맥관리 분야]

① 자신을 희생할 줄 안다

치열한 '정글 자본주의'에서 가족도 아닌 타인을 위해서 자신을 희생한다는 것은 자못 '바보처럼' 보이는 짓일지도 모른다. 하지만 많은 경영자들이 이 '자기희생'을 인맥을 쌓아가는 최고의 비법으로 꼽았다. 하지만 이 역시 어쩌면 당연한 일일지도 모른다. 반대로 생각해보라. 그 누군가가 당신을 위해서 희생을 무릅쓴다면 당신은 어떻게 하겠는가. 어쩌면 그의 희생에 보답하기 위해서라도 더욱 그를 위해 노력을 할 것이다.

이것이 바로 인맥을 형성하는 가장 정직한 해답 중의 하나이다. 총알과 대포가 빗발치는 전투의 현장에서 자신의 목숨을 돌보지 않고 나를 도와준 사람, 혹은 그 모든 고생과 어려움을 함께 한 사람에 대한 그 끈끈한 인간관계는 몇 가지의 '인맥 스킬'로는 도저히 만들어 낼 수 없는 경지라고 할 수 있다.

조서환 전무는 "무엇보다 중요한 것은 도움을 요청했을 때 자신을 희생하면서까지 도와주는 사람이 진짜 인맥"이라고 말한다. 희생까지 하기 힘들다면 최소한 '상대방의 윈(Win)'을 생각해보는 자세도 필요하다. 조광제 상무는 "상대에게 아무런 도움도 되지 않으면서 자신만의 어려움만 해결하려 드는 것은 좋지 않은 태도"라고 말한다. 이광석 대표 역시 '상호이익'을 말한다. 그는 "서로에게 도움이 없으면 그 관계는 오래가지 못한다"고 말한다.

한 가지 특이한 점은 그 '도움'이라는 것이 반드시 경제적인 것만은 아니라는 점이다. 정신적인 안정감과 스트레스 해소, 함께 있다는 즐거움 역시 이러한 '도움'의 일종이라는 것이다. 대부분의 사람들이 인맥관리를 '경제적인 관점'에서만 바라보고 있다는 점에서 이 대표의 이러한 발상은 인맥관리에 대한 새로운 관점을 제시해준다고 할 수 있을 것이다.

정재관 대표 역시 같은 맥락에서 '역지사지'의 개념을 말한다. 누군가 자신에게 부탁을 했다면 '최대한 빨리 해주어라' 라고 충고한다. 이는 한 사람이 누군가에게 뭔가를 부탁할 때는 많은 생각을 할 수밖에 없다는 것. 따라서 '오죽했으면 나에게까지 부탁을 했겠느냐' 라는 생각에 최대한 빨리 '예스 오어 노(yes or no)' 에 대한 확답을 주어야 한다는 것이다. 이는 이광석 대표와 조광제 상무 역시 마찬가지의 입장이었다.

정재관 대표는 '희생' 과 '윈' 의 개념을 넘어 '케어(Care)' 라는 독특한 인맥 개념을 말했다. 즉, '케어' 에는 보다 적극적인 성향의 도움과 섬세한 배려가 있기 때문이다. 마치 부모가 자신을 보살펴 주듯이 상대방을 보살펴 주는 것이 또한 나 스스로도 타인에게 보살핌을 받는 지름길이라는 것이다.

② 정직과 신뢰, 인맥관리의 처음이자 끝이다

모든 경영자들이 공통적으로 강조하는 것은 '정직과 신뢰의 높은 가치' 였다. 어쩌면 이는 인맥관리뿐 아니라 세상의 모든 인간사의 가장 본질적인 가치일 수도 있다. 이러한 교훈이 어김없이 인맥에도 적용되고 있는 것이다.

보통 '인맥' 이라고 했을 때 사람들이 가장 오해할 수 있는 부분은 그것이 하나의 '스킬' 이나 '비법' 쯤으로 여겨진다는 점이다. 하지만 그러한 얄팍한 생각은 현실에서 큰 힘을 발휘하지 못한다. 비록 짧은 기간에는 '약효'를 발휘할 수 있을지 모르지만 장기적으로는 그 효용이 극히 떨어질 뿐만 아니라 오히려 부작용까지 만들 수 있기 때문이다.

조광제 상무는 자신만의 특별한 원칙이 있다. 이른바 인간관계에서 '인생을 나눈다(Share the life)'는 원칙을 지킨다는 것이다. 단지 비즈니스만 하는 것이 아니라 어려울 때의 슬픔을, 행복할 때의 기쁨을 함께 공유하고 나누는 것이야 말로 정직하고 신뢰 있는 관계를 만들어 나가는 지름길이라는 이야기다. 그래서 그는 가족 간의 모임도 자주 만들어 각자가 친해질 수 있도록 배려하면서 더욱 공고한 관계를 만들어 간다고 한다.

③ 선택과 집중은 필수요소이다

인맥은 많을수록 좋다고 생각할 수도 있다. 구릉과 계곡, 산이 구불구불 이어져 커다란 '산맥'을 형성하듯이 인맥 역시 이렇게 끊임없이 펼쳐지고 다양해야 좋은 것이라는 생각을 할 수도 있다는 이야기다. 하지만 대부분의 경영자들은 이러한 방식의 인맥 맺기 방식을 거부하고 있었다.

심지어 조서환 전무는 "여러 모임에 나가서 자신을 알려

나가는 방식의 인맥 맺기 방식은 착각이다"라고 말할 정도이다. 그러려면 오히려 '전화번호부를 외우는 것이 더 낫지 않겠냐'고 반문하기도 한다. 따라서 그는 '선택과 집중을 통해서 심층적이면서도 본질적인 인간관계'를 맺어나간다고 한다.

이광석 대표 역시 '아는 사람'을 많이 만드는 것보다 '핵심인맥'을 만드는 것을 선호한다. 따라서 대부분 '가장 가까운 사람부터' 챙기면서 2차 인맥, 3차 인맥으로 확산시켜 나가는 방식을 선택한다. 이 대표는 "좋은 사람을 내 곁에 있게 하는 것, 그리고 그들이 배신감을 느끼지 않게 하는 것, 이것이면 충분하다"고 말한다.

한 가지 오해하지 말아야할 점. '선택과 집중'을 한다고 해서 많은 경영자들이 '단지 몇 명의 사람들'과 어울린다고 생각해서는 안 된다. 그들의 휴대폰과 수첩에는 누구보다 많은 사람들이 입력되어 있으며 또한 누구보다 많은 사람들에게 이메일을 보내면서 교류를 하고 있다. 중요한 것은 '다수의 사람을 얕게' 아는 것보다 '소수의 사람을 깊게 아는 것'을 궁극적인 목표로 하고 있다는 점이다.

자기 브랜딩과 인맥 맺기는 깊은 상호연관성을 가지고 있다. 이제까지의 인맥관련 서적은 이 '자기 브랜딩'에 대한 깊은 고찰을 하지 않아왔다. 하지만 복잡한 네트워킹의 세계에서 '브랜드'는 자신을 가장 잘 보여주고 상징할 수 있는 하나의 강력한 아이콘이다. 자신에 대한 브랜딩이 어떻게 설정되었는가에 따라서 인맥의 수준과 양이 결정될 수 있기 때문이다.

인맥에 관한 상식 뒤집기 · 1

내 인맥을 너무 많이 다른 사람에게 소개시켜 주면 내가 손해가 아닐까?

사람들은 흔히 '자기 인맥의 소중함'을 너무 과도하게 평가해 타인들에게 자신의 지인을 잘 소개시켜주지 않으려는 경향을 가지고 있다. 이러한 심리적인 배경에는 '내가 소개시켜준 두 명이 나보다 더 친해지면 어쩌지?' 하는 생각이 자리 잡고 있다.

하지만 이종선 대표의 말에 다르면 '인맥은 근육질'이다. 서로를 이어주면 이어질수록 더욱 강해진다는 이야기다. 언제나 그 인맥의 중심에는 그 인맥을 소개시켜준 자신이 있고, 그 자신 역시 그 '근육질'을 통해 더욱 강한 인맥을 소개받을 수 있기 때문이다.

인맥에 관한 상식 뒤집기 · 2

술과 골프, 자칫하면 최악의 인맥 관리법!

술과 골프, 많은 사람들이 인맥을 맺기 가장 좋은 방법으로 손꼽는다. 하지만 오히려 이는 '최악의 방법'이 될 수 있다는 사실을 잊어서는 안 된다. 머리 좋은 경영자들은 단지 사람들과 친해지기 위해서만 술을 마시고 골프를 치지는 않는다. 바로 상대방을 '평가'하고 '판단'하고자 하는 의도도 있기 때문이다. '술에 취했을 때 타인을 대하는 태도는 어떤가? 자신이 경기에 지고 있을 때 어떠한 행동을 취하는가?'라는 질문을 던지며 타인을 지켜보는 것이다. 만약 실수를 했을 경우 술과 골프는 돌이킬 수 없는 '최악의 인맥 관리법'이 될 수도 있다.

셀프 브랜딩을 위한
몇 가지 초석들

건물을 지을 때는 이른바 '초석'이라는 것이 필요하다. 이 초석은 건물 그 자체는 아니지만 이것이 없으면 건물 자체가 지어지지 않는다. 건물의 전체 구조물은 물론이거니와 그 화려한 내부 인테리어도 결국에는 이 초석에 의존하고 있다. 하지만 초석은 건물을 이용하는 사람들이 실생활에서 그 존재를 거의 느끼지 못한다. 이미 저 깊은 땅속에 파묻혀 있기 때문이다. '보이지 않는 초석'이 '보이는 건물'을 지탱하고 있다.

셀프 브랜딩에 있어서도 이러한 '초석'이 필요하다. 직접적으로 셀프 브랜딩에 큰 영향을 미치지는 않지만 그 셀프 브랜딩이 이뤄지기 위해서 가장 기초가 되는 몇 가지 기본적인 매너와 마음가짐, 그리고 삶의 태도가 형성되어 있어야 한다. 만약 이 기초가 탄탄하지 않다면 아무리 세련된 셀프 브랜딩도 결국에는 해변 위에 지어진 모래성과 같은 운명이 될 수밖에 없다. 또한 이 기초는 단지 하나의 스킬이나 테크닉이라기보다는 좀 더 깊은 내면의 자세라고 할 수 있다. 이른바 삶의 '내공' 이라고도 불릴 수 있겠다. 내공이 깊은 사람은 흔들리지 않고 또한 타인과의 관계에 있어서도 마찬가지다.

당신만의 특별한 그 무엇(Something Special)

타인들과 인맥을 맺으며 그 과정에서 행복을 얻기 위한 첫 번째 초석은 바로 자신만이 가지고 있는 '특별한 그 무엇' 이다. 이것은 타인에게 어필하는 매우 중요한 포인트의 하나가 되고 자신을 규정짓는 상징이 된다. 바로 'My Brand' 를 의미한다.

영화에는 무수한 '캐릭터' 라는 것이 등장한다. 영화를 한마디로 요약하자면 '캐릭터들이 만들어 가는 하나의 스토리' 라고 해도 과언이 아니다. 그만큼 영화에서의 캐릭터는 극을 이끌어가는 아주 중요한 하나의 요소가 되는 것이다. 그런데 이 캐릭터라는 것은 자신을 규정짓는 일련의 특징들로 구성된다. '신중하면서도 두뇌회전이 빠른 인물', 혹은 '자신의 성적 매력을 무기로 삼는 팜므파탈' 등등이 영화에 자주 등장하는 캐릭터이기도 하다. 그리고 이것은 관객들에게 매우 강인한 인상을 갖게 하고 그에 대한 매력에 흠뻑 빠지도록 유도하는 것이다.

캐릭터의 문제가 단지 영화에서만 중요한 것은 아니다. 현실에서도 사람들은 무수한 캐릭터를 가지고 있다. 중요한 것은 자신의 그 캐릭터를 어떻게 '특별한 그 무엇'으로 만들어 내느냐 하는 것에 달려있다. 이렇게 자신만의 캐릭터를 잘 가꾸어 나가는 사람은 타인으로부터 집중을 받게 되고 그 캐릭터의 매력으로 인해 사랑을 받게 된다.

캐릭터가 없는 애매모호한 사람은 그만큼 타인에게 잊혀지기도 쉽고 그래서 서로 인맥의 그물망 속에 쉽사리 포함되기도 힘들다. 그 사람을 떠올렸을 때 '아, 그 사람! 그 사람은 말이야……' 하면서 설명이 될 수 있어야 한다. 바로 이것이 캐릭터가 가지고 있는 진정한 장점이다. 자신의 캐릭터를 알고 싶다면 하나의 상황을 상상해서 보면 된다. 예를 들어 당신을 알고 있는 A라는 사람이 당신을 제3자에게 소개를 시켜준다고 하자. 그러면 A는 제 3자에게 당신에 대해서 소개를 시작할 것이다. '내가 소개시켜줄 그 사람은 말이야……' 하면서 이야기를 꺼낼 것이다. 과연 이 상황에서 A는 당신에 대해서 어떻게 설명을 할 것이라고 예상되는가? 바로 그 사람의 설명이 당신의 캐릭터가 된다.

잡지사 편집장인 B씨는 외부 프리랜서 기자들을 관리하는 일을 맡고 있다. 원고를 최종적으로 OK하는 일도 중요하지만 이러한 기자들에 대한 관리도 편집장에게는 매우 중요한 업무 중의 하나이다. 물론 내부의 기자들도 관리를 해야 하지만 외부의 기자들이 얼마나 좋은 원고를 가지고 오느냐에 따라 편집장의 능력이 좌우되기도 하기 때문이다. B씨는 프리랜서 기자인 C씨를 유난히 좋아한다. B씨에게 형성된 C씨의 이미지는 '몇 마디만 해도 원고의 내용을 단숨에 파악하고 정확한 날짜에 원고를 보내오는 믿음직한 사람' 이다. 그래서 B씨의 캐릭터는 '샤프하고 날카로우며 동시에 신뢰성 있는 사람' 으로 만들어진다. B씨의 캐릭터 설정은 A씨에게만큼은 매우 유효하고 성공적이다.

그러나 C씨가 가지고 있는 캐릭터는 그 한 가지가 아니다. C씨는 B씨에게는 '프리랜서 기자' 로서의 역할을 하고 있지만 사회적인 관계 속에서 C씨는 후배의 선배, 아버지의 아들, 친구 등 다양한 역할을 하고 있다. 그때마다 C씨는 자신의 명확한 캐릭터를 충실하게 이행한다. D씨는 선배인 C씨에 대해서 '따뜻하고 친절하고 자신을 잘 이끌어 주는 사람' 으로 인식하고 있다. 따라서 D씨에게 C씨의 캐릭터는 '정감 있는 훌륭한 멘토' 의 캐릭터를 가지고 있는 것이다.

이처럼 특별한 캐릭터는 한 사람을 설명하는 중요한 키워드가 되고 자신의 이미지를 각인시키는 유력한 툴(Tool)이 된다. 이러한 캐릭터가 중요한 것은 심리적인 이유에서도 설명이 될 수 있다.

심리학에서는 이른바 '초두 효과' 라는 것이 있다. 이는 처음에 형성된 여러 가지 이미지나 얻게 된 정보들이 나중에 형성된 이미지, 혹은 정보보다 더 중요하게 각인되는 것을 의미한다. '첫인상이 중요하다' 는 것도 바로 이러한 맥락에 다름 아니다. 따라서 애초에 자신의 캐릭터를 상대방에게 잘 어필하게 되면 이 초두 효과에 의해서 그 잔상이 오래가게 되고 또한 긍정적인 이미지로 형성된다.

또한 자신만의 'Something Special' 은 프로페셔널이라는 차원에서 자신만의 빛나는 능력을 의미하기도 한다. 아무리 자신의 캐릭터가 독특하다고 해도 그에 걸 맞는 능력이 뒷받침되지 않고서는 '뒷심' 이 없고 그렇게 되면 상대와 든

든한 하나의 '인맥'으로 연결되기보다는 그저 '친구'나 '아는 사람'에 머무를 가능성도 상당히 높다. 왜냐하면 그러한 프로페셔널한 능력이 곧 인맥의 사슬을 단단히 묶어주는 역할을 할 뿐만 아니라 상대가 필요한 그 무엇인가를 줄 수 있기 때문이다.

자신에게 아무런 도움을 줄 수도 없는 사람과 인맥을 맺으려는 사람은 그리 많지 않다. 따라서 자신의 캐릭터는 물론 그 캐릭터를 뒷받침해주는 능력까지 가지고 있을 때, 진정으로 'Something Special'을 갖춘 매력적인 사람으로 인정받을 수 있을 것이다.

욕심 없는 자가 진정 강한 자다

기본적으로 자본주의 사회는 경쟁 체제에 의해서 움직이게 되고 그 경쟁의 근본에는 욕망과 욕심이 자리 잡고 있다. 남보다 더 잘 되고 싶다, 남보다 더 풍요롭게 살고 싶다는 경쟁의 심리가 없이는 어쩌면 이 사회의 근본적인 체제 자체가 흔들릴지도 모른다.

이렇게 우리는 욕망과 욕심의 긍정성을 알고 있지만 자칫 과하게 되면 자신을 망치는 지름길이 되기도 한다. 또한 과도하게 욕심을 드러낼 때는 상대방도 거부감을 갖게 마련이다. 그러나 이 말은 어떻게 보면 참 모순적으로 들리기도 한다. 사회의 기본적인 체제가 욕망과 욕심으로 인해 굴러가게 되는데, 그것을 지나치게 드러내면 오히려 거부감을 갖는다니 말이다. 그러나 안타깝게도 이것이 현실이다.

자신의 욕심을 감추거나, 혹은 욕망을 드러내지 않는 것, 더 나아가 자신의 욕심을 없앨 수 있을 때에 우리는 진정으로 '강한 자'가 될 수 있다. 하지만 욕심에 관한 문제는 워낙 근본적인 문제다. 아마도 불교 전체의 주제를 하나 꼽아보라고 한다면 바로 '욕심을 버리는 일'이라고 할 수 있을 정도로 크고 광대한 문제이기도 하다. 기독교도 마찬가지다. 자신의 욕망을 채우기보다 이웃에 대한 사랑을 실천하라는 예수님의 말씀이 하나의 주제가 될 정도이니 말이다.

한편으로 그 욕심의 궁극은 '죽음'에 관한 것이다. 중국의 진시황제가 죽지 않는 불로초를 찾았을 때 그는 자신의 욕망의 궁극까지 실천해보고자 했던 것이라 할 수 있다. 욕심을 없애기 위해서 최근에는 미리 유언을 써두는 행사도 많이 벌어지고 있다. 그래야만 자신의 현실에 만족하고 행복한 삶을 영위할 수 있기 때문이다. 이는 인맥에서도 그대로 적용된다.

지금 가지고 있는, 그리고 앞으로 맺어갈 인맥을 위해 자신의 욕심을 어느 정도 줄일 수 있을 때 그 인맥 관계는 보다 안정적이고 행복해질 수 있다. 물론 일상에서 살아가는 우리들이 욕심과 욕망을 완전히 없앨 수는 없다. 어느 정도의 건강한 욕심은 삶을 풍요롭게 만들고 또한 인생의 원동력이 되기도 하기 때문이다.

우리는 한 에피소드에서 죽음에 관해서 한번 생각해보고 넘어갈 필요가 있다.

중국의 전설적인 고승 지각선사라는 분은 스님이 되기 전에 한 고을의 태수였다. 우리나라로 치면 태수는 조그만 고을의 관직이라고 할 수 있을 것이다. 어느 해 심한 가뭄이 들었다고 한다. 하늘을 날아다니는 새조차 먹을 것이 없어 땅으로 떨어져 죽을 지경이었으니 그 정도를 익히 짐작할 만하다고 할 수 있다.

사람들은 점차 고통을 호소했고 서서히 죽어가기 시작했다. 물론 태수에게는 충분한 비상양곡이 있었다. 그걸 풀어 기근을 해소하면 되지만, 비상양곡을 사용하는 것은 태수 혼자서 결정할 일은 아니다.

천자의 승인을 반드시 얻어야 하며, 그렇지 않을 시에는 사형이라는 엄벌에 처해지는 것이다. 그보다 더 큰 문제는 천자의 승인을 얻기 위해서 사람을 보내고 또 사람이 다시 이 고을로 오기 위해서는 보름이라는 긴 시간이 걸린다는 것이다. 그 정도의 시간이면 이 고을 사람 모두가 굶어죽고 난 뒤의 일일 것이다.

생각다 못한 태수는 일단 천자에게 비상곡물을 방출하겠다는 의견을 전하고 곧바로 양식을 배출했다. 군민을 살리기는 했지만 천자의 재가가 없었으니 태수는 엄밀하게는 국법을 어긴 것이며 죄를 받아야 마땅하다. 며칠이 지나자 천자의 집행관들이 칼을 앞세우고 고을로 들어왔다. 죄를 범한 태수를 처형하기 위해서다.

이 소식을 들은 군민들은 자신들이 먼저 앞장서 마을 입구로 나왔다. 태수를 죽이려거든 우리를 먼저 죽이라는 것이다. 어려울 때 곡식을 방출해 자신들을 살린 태수를 그렇게 보낼 수는 없었을 것이다. 그 혼란한 와중에 누군가 큰 소리로 외치는 소리가 들렸다.

"군민들은 비키시오. 나는 사형 집행에 응하겠소."

칼을 든 망나니가 칼춤을 주기 시작했지만 태수의 얼굴은 편안하고 행복해보였다. 옆에 있던 집행관이 이상한 생각이 들었다.

"태수는 죽음이 좋으시오?"

“좋지는 않습니다.”

“그러면 싫소?”

“싫지도 않습니다.”

“근데 왜 두려워하지도 않고 오히려 편안한 얼굴이오?”

“죽음과 나는 아무런 관련이 없기 때문입니다.”

“이 사람아, 이게 지금 장난으로 보이나?”

태수가 정색을 하며 날카롭고 강직하게 집행관의 말을 되받아 쳤다.

“당신이 어떻게 나를 죽이겠소. 저 칼로 인해 내가 죽을 것 같습니까. 비록은 몸은 저 칼로 두 동강이 날 수는 있겠지만 나의 마음, 혼, 그리고 영혼은 결코 죽지 않을 것입니다. 생명은 영원한 것이오. 저런 칼 따위로 해칠 수 있는 게 아닙니다.”

집행관은 즉시 사형집행을 멈추고 천자에게 보고를 했다. 사실 알고 보니 천자는 이미 집행관에게 ‘반항하면 사형을 집행하고 그렇지 않으면 집행을 멈추고 즉시 나에게 보고하라’고 비밀명령을 내려놓았던 것이다.

그 소식을 들은 천자는 태수를 오히려 진급을 시키고 후한 상까지 내렸다. 하지만 태수는 그 즉시 다시 천자에게 사표를 올렸다. 자신은 죽음이 없는 세상을 속세 사람들에게 알려주고 싶었기 때문이다. 그 후 태수는 역사적인 고승, 지각선사가 되어 불교의 역사에 아직도 길이 살아남아 있는 것이다.

이렇듯 죽음까지 두려워하지 않는 마음, 그리고 욕망과 욕심이 없는 마음은 더 큰 행운을 가져다주기도 한다. 또한 욕심이 없는 사람보다 무서운 사람은 없다. 『마피아 경영학』이라는 책에는 이런 내용이 있다. 마피아 자신들은 어떤 사람들이라도 돈과 폭력으로 움직일 수 있지만 유일하게도 움직일 수 없는 사람이 있다고 한다. 그 사람은 바로 욕심이 없고 죽음을 두려워하지 않는 사람이다.

그들은 한편으로는 돈을 통해 사람을 매수하고 또 다른 한편으로는 폭력을 통해서 사람을 길들일 수 있지만 욕심이 없는 사람은 어찌할 도리가 없다는 이야기다. 이렇게 욕심이 없는 자는 매우 '강한 자'이고 이는 사람과 사람들의 관계에서도 똑같이 적용된다. 자신의 욕심을 내세우는 자는 '탐욕스럽고·이기적인 사람'으로 낙인찍히게 되고 그는 더 이상 인맥을 넓히기 힘들어진다. 반면 욕심이 없고 선한 사람은 그 누구라도 도와주고 싶어 하고 함께 있고 싶어진다. 마음도 편안해지고 더불어 자신에게 해를 끼치지 않을 것이라고 생각하기 때문이다.

시간 약속 지키기

　자기 자신에 대한 셀프 브랜딩은 여러 가지 면에서 이뤄진다. 또한 그 브랜딩의 덕목은 너무도 다양해서 각자 자신의 판단에 따라 행해져야 한다. 그러나 그 모든 것들을 다 차치하더라도 가장 중요한 한 가지 초석은 바로 '약속 지키기' 이다.

　우리는 사람들과 무수한 약속을 하며 살아간다. 생활 속에서 굳이 '나와 이러 저러한 약속을 하자' 와 같은 말들이 오가지 않더라도 우리 하루의 생활은 무수한 약속들의 그물망이라고 해도 과언이 아니다. 회사에 9시까지 출근을 하는 것도 회사와 나의 약속이고, 12시가 되면 밥을 먹으러 가는 것도 이미 하나의 약속된 시간이다. 결혼이라는 것은 사랑에 대한 약속이고, 자녀를 낳는다는 것도 그 아이에 대한 교육과 훈육에 대한 사회적 약속을 지키겠다는 의미에 다름이 아니다. 어떻게 보면 우리의 모든 일상은 바로 이 약속들을 지켜나가는 것의 연속이라고 해도 과언이 아닐 것이다. 정치도 경제도, 그리고 사회의 전체적인 흐름도 거대한 약속에 기초하고 있으며 이 약속이 지켜지지 않을 때 혼란이 오게 된다.

그런데 그러한 은연중의 약속이 전부 다 지켜질 수는 없다. 때로 개인적인 사정에 의해서, 혹은 외부적인 조건에 의해서 약속이 깨지고 지켜지지 않는 경우가 허다하다. 물론 또 사람이 살면서 이 모든 약속을 모조리 지키면서 사는 것도 어쩌면 불가능한 일일 수 있다.

그러나 이 모든 약속들 중에서도 가장 지키기 쉬운 약속이 하나 있다. 돈이 들어가는 것도 아니고 상당히 많은 신경을 쓰지 않아도 되는 약속, 그저 마음만 있다면 누구든 지킬 수 있는 약속, 그것은 바로 '시간 약속' 이다.

가장 기본적인 것은 바로 미팅 대상자와의 시간 약속을 들 수 있다. 시간은 누구에게나 평등하게 주어져 있고 나아가 평등하게 흘러간다. 중요한 것은 이 시간을 사용하는 사람의 마음가짐인 것이다. 시간을 철저하게 지키는 모습을 보여주면 상대는 당신에게 가장 기초적인 신뢰가 형성되기 시작한다. 하지만 이 약속이 지켜지지 않은 상태라면 당신이 하는 그 어떤 대단한 약속들도 모두 믿지 못하게 된다. '사소한 시간 약속도 지키지 않는 사람이 무슨 약속을 지킬 수 있을 것인가?' 하는 의구심이 드는 것도 바로 이러한 생각들이 배경이 되고 있는 것이다.

시간 약속에 대해서 유난히 민감하게 생각하는 한 기업인의 이야기를 들어보자.

"그것이 식사 약속이든, 큰 비즈니스의 약속이든 술자리 약속이든 상관이 없습니다. 저는 일단 시간 약속을 제대로 지키지 않는 사람에게는 큰 신뢰를 주지 않아요. 시간을 얼마나 잘 지키느냐하는 점은 바로 상대의 예민함과 철저함을 나타내주는 가장 기본적인 지표이기 때문이에요. 모든 인간관계, 그리고 비즈니스를 하는 데 있어서 예민함과 철저함이 없으면 성공하기 힘듭니다. 그저 대충 대충 해서 성공할 수 있다면, 우리 사회는 그 '성공'이라는 것에 큰 의미를 부여하지 않을 것이기 때문이죠. 저는 단 1분도 약속을 어기지 않기 위해서 많은 노력을 하고 있습니다. 웬만하면 약속 시간 10분 전에 도착하는 방법이 가장 좋습니다."

'시간은 금이다' 라는 말은 그저 격언으로만 머물 수준의 이야기가 아니다. 실제로 효율성을 중요시하는 미국의 많은 기업들은 '시간이 곧 돈이고 이익이다' 라는 판단 하에 모든 업무에 있어서 시간 활용률을 극대화시키고 있다. 앞의 기업인의 이야기를 계속해서 들어보자.

"솔직히 10분, 20분 정도 늦는 건 아무렇지도 않게 생각하는 사람들도 있습니다. 하지만 그런 사람들을 볼 때마다 화가 나는 것이 사실입니다. 그 사람의 실수로 인해 저의 시간이 아무런 의미 없이 흘러가게 되고 그것은 낭비이기 때문입니다. 나를 낭비하게 하는 그 사람에 대하여 호의적인 감정을 갖기는 쉽지 않은 일입니다."

이 기업인의 말은 셀프 브랜딩의 기초적인 사안을 잘 보여주고 있다. 시간 약속에 대한 신뢰가 형성되지 않으면 그 어떤 것으로 셀프 브랜딩을 한다고 하더라도 그것이 상대에게 전달되기는 극히 힘들기 때문이다. 그 사람에게 얻을 수 있는 것이 아무리 많을지언정, 혹은 그가 아무리 특별한 장점을 가지고 있다고 하더라도 '나를 낭비하게 만드는 사람'에게는 일단 기분이 나쁜 것이 사실이기 때문이다.

앞서 셀프 브랜딩의 3가지 초석인 'Something Special', '욕심' 그리고 '시간 약속'에 대해서 살펴봤다. 이 3가지는 각각 본인, 상대방, 그리고 본인과 상대방의 관계에 있어서 가장 기본적인 태도를 보여주고 있다.

'Something Special'은 본인에 대해 관계하고 있다. 자신의 능력에 대한 기본적인 전문성을 보유하고 있어야 인맥을 위한 기초적인 시도가 이뤄질 수 있기 때문이다. 두 번째인 '욕심'은 상대방과 관련하고 있다. 상대방에게 자신의 욕심을 드러내지 않고 나보다는 상대를 먼저 생각하는 마음가

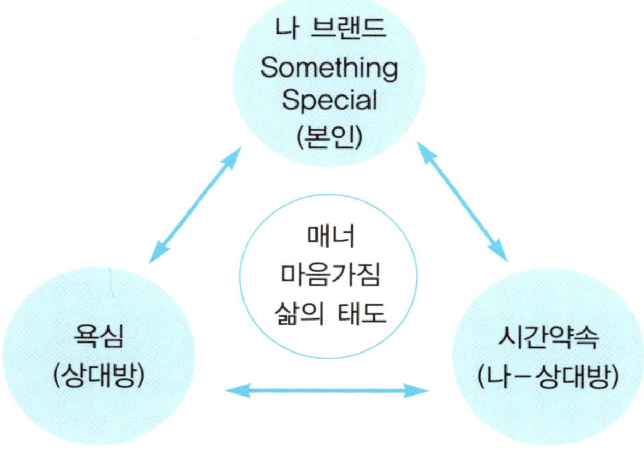

〈셀프 브랜딩의 3가지 초석〉

짐이다. 세 번째인 '시간약속'은 나와 상대 간의 관계에 있어 또한 기초적인 자세를 말한다. 셀프 브랜딩을 하기 이전에 이 3가지를 철저히 염두에 두고 있어야만 자신의 셀프 브랜딩이 제대로 된 효과를 발휘할 수 있다는 것은 재론의 여지가 없는 말이다.

3

Bridge People
당신을 도와줄
새로운 네트워크

당신의 지인은 고민하고 있다 :
'당신을 또 다른 타인에게 소개시켜 줄 것인지' 를

- 브릿지 피플, 그들은 누구인가?
- 왜 브릿지 피플인가?
- 브릿지 피플을 당신의 네트워크로 초대하는 방법
- 인맥 디자인을 위한 'D&J' 7가지 법칙

당신을 도와줄 새로운 네트워크

세상사는 '네트워크' 라는 말로 표현해도 과언이 아니다. '사람과 사람과의 관계', 그리고 또 '사람과 사람들을 둘러싼 일' 이라고 하는 이 복잡한 네트워크가 우리네 삶을 장악하고 있기 때문이다. 그런데 우리가 이 네트워크 속에서 발전하고 앞으로 더욱 전진하고 자신의 삶을 업그레이드하기 위해서는 분명히 누군가의 도움을 받아야 한다. 나 자신보다 더욱 나은 사람이 나를 이끌어 주고, 거기에 자기 스스로도 발전하기 위한 노력이 덧붙여진다면 이제 거칠 것은 없어진다.

인맥의 분야에 있어서 자신을 발전시켜 줄 사람, 바로 그들이 '브릿지 피플(Bridge People)' 이다. 뛰어난 인맥과 신중한 정신을 가지고 있는 그들은 '우물 안 개구리' 인 당신을 구해 세상 속에서 마음껏 활개를 칠 수 있도록 도와줄 것이다. 하지만 그들은 결코 아무나 도와주지 않는다. 자신들이 도와줄 만한 가치가 있는 사람만을 도와주기 때문이다.

브릿지 피플, 과연 그들은 누구이고, 어떻게 하면 그들의 도움을 얻을 수 있을 것인가?

브릿지 피플, 그들은 누구인가?

우리 사회에는 '브릿지 피플(Bridge People)' 이라는 존재가 있다. 이들은 일종의 멘토와 비슷한 위상을 갖고 있다. 하지만 단지 정신적인 충고에 머무는 것이 아니라 실질적으로 현실에서의 인맥 관계를 넓혀줄 수 있는 힘과 능력을 가지고 있기에 멘토를 넘어서는 사람들이라고 할 수 있다.

간략하게 정의하자면 이들 브릿지 피플은 자신의 넓고 풍부한 인맥을 당신에게 소개시켜 주는 사람들이다. 사람과 사람 사이의 '다리' 역할을 하기에 '브릿지' 피플이라고 부르는 것이다. 인맥을 확장하는 가장 쉽고 빠른 방법은 바로 이 브릿지 피플을 통하는 방식이다. 우선 이들 브릿지 피플들의 특성부터 살펴보도록 하겠다.

일단 브릿지 피플들은 이미 이 사회에서 어느 정도 성공한 사람이거나 상당 수준에서 자신의 프로적인 역량을 발휘하는 사람들이다. 그들은 자신의 관련분야뿐만 아니라 그 관련분야가 아닌 분야까지 포함해 상당한 인맥을 가지고 있다. '끼리끼리 모인다' 는 말이 있다. 성공한 사람들의 옆에는 반드시 성공한 사람들이 포진해 있다. 브릿지 피플은 이렇게 성공한 사람들을 자신의 인맥으로 가지고 있을 뿐더러 그들과 상당히 친밀한 관계를 자랑한다. 또한 그들은 서로간의 일을 해나가는 과정에서 서로에게 상당한 도움을 주고 있으며 또한 결코 그 도움에 대한 보답을 잊지 않는다.

두 번째로 브릿지 피플은 상당히 신중하다는 특성을 가지고 있다. 성공한 사람들이 또한 대부분 신중하지만 인맥에 대해서 상당한 노하우를 가지고 있는 그들은 특히 인맥에 관해서 더욱 신중해진다. 그들은 타인을 판단하는 데 있어서 매우 신속하면서도 정확한 눈을 가지고 있다. 따라서 사람을 사귀는 데 있어서도 매우 천천히 간다. 일단 자신이 파악한 상대의 이미지를 검증하는 단계를 거친다는 것이다. 그리고 이것이 확실하게 됐을 때만이 비로소 인맥을 맺기 시작한다. 따라서 브릿지 피플을 처음 만났을 때 그들은 아마도 처음부터 당신에게 상당히 호의적이고 적극적으로 도와줄지도 모른다. 그들은 늘 그렇게 해준다. 그러나 여기에 착각해서는 안 된다. 그들이 처음 보는 당신을 도와준다고 하더라고 그것은 처음에만 그럴 뿐이며 또한 그것을 하나의 과정이며 '검증의 단계'라고 생각할 뿐이다. 그리고 만약 이 검증의 단계에서 당신이 사귈 만한 사람이 아니라고 판단이 된다면 그들은 과감하게 인맥을 자르는 특성을 가지고 있다. 이때 인맥을 자른다고 했을 때 그들이 아예 연락을 하지 않거나, 또는 서로 만나는 자리 자체에 나가지 않는 건 아니다. 아마 그들은 이제까지 해왔던 것처럼 친숙한 관계를 유지할 것이다. 그러나 그것은 그저 사회생활에서 필요한 최소한의 매너를 보여주는 것일 뿐 진정으로 당신을 위해서 하는 것은 결코 아님을 잊어서는 안 된다.

한마디로 브릿지 피플은 수준 높은 인맥과 실력을 가지고 있으며 신중하면서도 조심스러운 사람들이라고 할 수 있다. 자신의 성공에 대해 겸손해할 줄 아는 미덕도 있지만 또한 그 성공의 소중함도 동시에 알고 있기 때문에 결코 그것을 한 순간에 잃어버릴 수도 있는 무모한 짓은 절대로 하지 않는다.

왜 브릿지 피플인가?

이러한 브릿지 피플들은 할 수만 있다면 당신이 인맥을 넓혀 가는 데 있어서는 최적의 집단이라고 할 수 있다. 일단 그들 브릿지 피플과 강한 인맥을 맺게 되면 그때부터 당신의 인맥 확장은 가속도가 붙게 되고 순식간에 다방면의 사람들을 소개받을 수도 있으며 또한 도움을 받을 수도 있다. 또한 브릿지 피플이 좋은 이유는 단지 그렇게 인맥을 소개받는 선에서 그치지 않는다는 점이다. 그들은 자신이 검증을 거친 당신을 타인에게 소개할 때 '왜 당신이 좋은 사람인지', '그리고 당신과 인맥을 맺으면 어떤 점이 좋은지' 먼저 나서서 상대를 설득해준다.

이는 하나의 강력한 아군을 만난 것과 마찬가지이다. 자신의 입으로 자신을 설명하고 자신의 강점을 어필하는 것보다는 주변 사람들이 해줄 때 그 말은 더욱 강력한 영향력을 주기 마련이다. 이는 하나의 정보(혹은 사람)를 알아나가고 그 정보(사람)를 확신하는 과정과 매우 비슷하다. 예를 들어 당신이 한 보험에 대한 정보를 얻는 과정에서 우연히 만난 보험설계사가 A라는 상품을 설명하면서 '아주 좋으니 가입을 하라'고 하는 것과 당신의 아주 친한 사람이 '내가 A라는 상품에 가입해봤더니 아주 좋더라'고 권하는 것에는 큰 차이가 있다. 보험설계사는 자신의 영업실적을 높이기 위해, 그리고 그로부터 자신의 수익을 높이기 위해 A라는 상품을 칭찬한다고 느끼지만, 당신의 지인이라면 '정말 그 A라는 상품이 좋기 때문에' 당신을 위해 추천한다고 느끼게 된다.

이러한 일련의 과정만 보더라도 브릿지 피플의 추천과 설명이 당신에게 얼마나 강력한 영향을 미치는지 알 수 있을 것이다. 브릿지 피플은 이 모든 것을 스스로 알아서, 당신이 부탁을 하지 않더라도 자발적으로 해준다는 것이다. 인맥 관계에 있어서 이보다 더 좋은 일이 어디 있겠는가?

브릿지 피플이 좋은 또 하나의 이유는 위에서도 잠깐 언급했던 '다방면의 사람들'을 알고 있다는 점이다. 사실 사회생활을 하다보면 자신이 속한 영역 이외의 사람들을 만나고 사귀기란 여간해서 쉽지 않은 일이다. 예를 들어 사회 생활을 하면서 엔지니어들이 문인이나 화가를 만나서 친분을 나누는 것은 쉽지 않고 또 백화점에서 근무하는 사람들이 법조계에 있는 사람들이랑 만날 수 있는 기회가 그리 많지는 않을 것이다.

뿐만 아니라 또 우연한 기회가 닿았더라고 하더라도 그것을 '사귐'과 '인맥'의 수준으로 끌어올리기도 여간 어려운 것이 아니다. 예를 들어 업무상으로 만났다고 하더라도 그것은 그저 업무상에서 끝나는 경우가 대부분이다. 인맥이 형성되기 위한 결정적인 조건의 하나는 일을 통해서 자주 연결이 되거나, 혹은 일을 제외한 그 외의 다른 활동을 통해서라도 일단은 자주 만날 수 있는 기회가 있어야 한다는 점이다. 이러한 험난한 일들은 그저 혼자서 해내는 것도 쉽지 않다. 그러나 여기서 브릿지 피플이 중간에 끼게 되면 이 문제 역시 쉽게 해결이 되기 시작한다. 인접 업종을 훨씬 뛰어넘는 타 업종의 사람들을 소개받을 수 있을 뿐만 아니라 기꺼이 자주 만날 수 있는 기회가 자연스럽게 형성되기 때문이다.

결론적으로 브릿지 피플은 일종의 '인맥의 아우토반'이라고 할 수 있다. 그들이 가는 길을 함께 가면 가속도가 붙은 인맥의 지도는 순식간에 펄떡이는 대동맥처럼 뛰기 시작하고 곳곳으로 연결된 모세혈관처럼 세밀하면서도 질긴 인연을 맺어나갈 수가 있는 것이다.

그렇다면 문제는 이들 브릿지 피플의 '검증 단계'를 어떻게 통과할 수 있느냐 하는 것이 관건이라고 할 수 있다. 그들은 자신이 가진 그 인맥의 지도를 당신의 손에 쥐어주기 전에 오랜 기간 고민을 하게 마련이다. 왜냐하면 만약 자신의 판단이 틀렸다면 자신이 이제까지 간직해온 인맥지도 전체가 손상을 입기 때문이다. 브릿지 피플은 당신의 실수가 자신에게 미칠 영향을 아주 잘 알고 있다. 따라서 그들은 결정적인 확신이 서기 전까지는 절대로 자신의 인맥을 쉽사리 타인에게 연결시켜주지 않는다. 단, 하나의 예외는 있다. 어쩔 수 없는 상황 속에서 설사 당신을 '아주 쉽게' 타인에게 소개를 시켜주었다고 하더라도 브릿지 피플은 이미 당신을 소개시켜준 그 사람과 일종의 의사소통이 끝났을 수도 있다.

'응, 할 수 없이 자네를 소개시켜주긴 했지만 너무 신경 쓸 사람은 아니야. 그냥 적당히 하라고.'

　　브릿지 피플이 당신을 두고 '너무 신경 쓸 사람이 아니다'
라고 판단을 내리는 상황이 발생한다면, 이는 참으로 슬픈
현실이 아닐 수 없을 것이다.

브릿지 피플을
당신의 네트워크로 초대하는 방법

브릿지 피플, 혹은 그 이상의 인맥을 위해서 어떻게 해야 하는지 아래의 'D&J'의 법칙에서 상세하게 설명할 것이다. 하지만 그 전에 우리는 브릿지 피플에 대한 또 하나의 입장을 정리하고 넘어가야만 한다. 브릿지 피플을 단지 당신에게 새로운 인맥을 소개시켜주는 단순한 '인맥 중계인' 정도로 생각해서는 안 된다는 점이다. 어떻게 대하느냐에 따라서 그들은 당신의 '멘토' 역할을 자처할 수도 있다. 그렇게 된다면 일석이조의 효과를 얻을 수 있는 건 자명한 일이다.

결국 우리는 '멘토형 브릿지 피플'을 얻는 것을 최후의 목

표로 삼아야 한다. 정신적이고, 현실적인 관계에서 물심양면
으로 도움을 줄 수 있는 그들이 곁에 있을 때 보다 빠른 발전
이 가능할 수 있기 때문이다.

그러나 반대편에서 생각하면 우리는 또 하나의 판단과 선
택을 할 필요가 있다. 과연 내가 아는 저 사람이 과연 ‘멘토
형 브릿지 피플인가?’ 하는 점을 결정해야 한다는 점이다.
만약 실제로 자신의 멘토가 될 수도 없고 더불어 상당한 수
준의 인맥을 갖춘 브릿지 피플이 아니었다면 우리들의 노력
은 허사가 될 수 있기 때문이다. 과연 어떤 사람들이 당신의
‘멘토형 브릿지 피플’ 일까.

실패의 의미를 진정으로 이해하고 있는 사람

자신의 멘토가 될 수 있는 사람의 가장 두드러진 첫 번째
특징은 자기 스스로도 큰 실패를 경험해본 사람이라는 점이
다. 승승장구, 자신의 일이 성공적으로만 이어져 온 사람은
진정한 멘토로서의 자격이 없다고 단언할 수 있다. 왜 그럴
까. 실패라는 것은 피할 수 있다면 최대한 피하는 것이 좋을
텐데, 실패를 해보지 않은 사람은 멘토로서의 자격이 없다
니. 이는 멘토링의 기본적인 성격 자체에서 기인한다. 멘토

링은 멘티(멘토의 지도를 받는 사람)를 성공적으로 이끌어주는 것이 궁극적인 목표이겠지만, 그 과정에서 실패를 겪었다고 하더라도 그를 실패에서 훌륭하게 이끌어주어야 할 의무를 가지게 된다. 멘티가 실패로 힘겨워 할 때 그 심정을 제대로 이해하고 그가 다시 일어설 수 있기 위해서는 멘토 스스로가 큰 실패를 겪어보지 않았다면 멘토링 자체가 불가능하기 때문이다. 지금 현재 그의 심리적 상태가 어떤지, 또 어느 부분을 힘들어 하고 어떤 말을 해주어야 그 실패의 상처를 딛고 일어설 수 있는지를 멘토 스스로 실패를 통해서 배웠어야 하기 때문이다.

뿐만 아니라 실패를 해보았다는 것은 성공의 진정한 가치를 안다는 것을 의미한다. 세상 사람들은 모두다 성공을 원하지만, 그들이 모두 그 성공의 의미와 가치를 제대로 알고 있는 것은 아니다. 그저 많은 돈을 벌고, 그래서 안락한 것만을 '성공' 이라고 생각하는 사람은 설사 성공을 했다고 하더라도 그 성공을 계속 유지해갈 수 없는 경우가 있다. 특히나 멘티에게 성공의 진정한 가치를 알려주기 위해서라도 멘토는 실패를 통해 많은 인생 경험을 한 사람이어야 한다.

거만하지 않고 스스로를 자랑하지 않는 사람

주변을 돌아보면 자기 자랑을 은근히 하는 사람들이 있게 마련이다. 물론 자신이 잘한 것이 있으면 알리고 싶고, 그것을 통해서 자아 만족감이나 자존심을 충족시키려는 본능은 누구에게나 있다. 하지만 이러한 자랑을 통해서 자기만족을 하는 사람들에게는 하나의 결정적인 단점이 있게 마련이다. 그것은 바로 그 스스로가 끊임없이 자신과 남을 비교하고 있다는 것이며, 때로 타인이 잘되는 것에 무척 배 아파하는 성격이라는 점이다. 이런 사람은 기본적으로 멘토로서 자격미달인 경우가 대부분이다. 멘토는 때로 멘티가 자신보다 더 잘되는 경우가 있다고 하더라도 끝까지 그에 대한 배려와 지지를 멈추어서는 안 되고 나아가 그것보다 더욱 더 잘되기 위해서 노력해주는 사람이어야 하기 때문이다. 멘토가 멘티를 질투하는 것처럼 우스꽝스러운 상황이 또 있을까.

'추상론'이 아니라 '방법론'을 알고 있는 사람

자신의 인생을 잘 꾸려 나가기 위해서 무엇보다 중요한 것은 '방법론'이라고 할 수 있다. 사실 삶에 대한 추상론은 너무나 흔하디 흔한 것이어서 이제 더 이상 누구에게 듣지 않더라도 뻔하게 알 수 있는 것이 되었는지도 모른다. 수없이 쏟아져 나오는 책, 그리고 '정보의 바다'라고 일컬어지는 인터넷에는 수없이 많은 정보들이 흘러 다니고 있다. 그러나 정작 중요한 것은 개개인의 상황에 맞는 '맞춤형' 방법론이다. 자신의 집안 환경과 능력, 특성, 성격적 장단점에 맞춘 정확한 방법론이 있어야만 성공으로 가는 구체적인 지침을 알 수 있기 때문이다. 멘토는 바로 누구나 말하는 이야기를 자신만이 아는 것처럼 설파하는 사람이 아니라 멘티의 상황에 맞는 정확한 방법론을 알려주는 사람이 되어야 한다.

앞이 보이지 않는 장님은 오로지 자신을 이끌어 주는 인도자의 말만 믿고 따라갈 뿐이다. 그런데 만약 그 인도자의 판단이 잘못되었다면 인도자는 물론 장님까지 절벽 밑으로 추락할 수밖에 없다. 멘토와 멘티의 관계도 마찬가지다. 때로는 멘티가 도저히 무엇을 해야 할지 모르는 상황에서 오로지 멘토의 말만 믿고 그대로 실천한다고 하더라도 결코 절벽에 떨어지지 않아야 한다. 그런 점에서 멘토는 멘티의 생활과 처한 환경을 누구보다 면밀하게 감안하고 그에 따라서 조언을 해 주어야 한다.

잘못에 대해서는 명확하게 지적을 해주는 사람

멘토의 또 하나의 큰 특징 중의 하나를 꼽으라면 바로 잘못에 대해서는 거침없이, 그리고 명확하게 지적해 준다는 점이다. 멘토와 멘티의 관계는 '친한 친구사이'가 아니다. 친한 친구사이에서는 때로 잘못된 점을 그냥 넘어가기도 하고 서로의 허물을 덮어줄 때도 있다. 그러나 멘토는 절대 그렇게 하지 않는다. 사소한 실수가 나중에서 큰 잘못이 될 수 있음을 누구보다 잘 알고 있기 때문에 멘티의 실수를 그냥 넘어가는 법이 없다.

그러나 진정한 멘토는 실수를 지적하는 데 있어서도 매우 세련되고 부드러운 방법을 선택한다. 조언을 하는 데 있어서 그 내용도 중요하지만 그 방법도 매우 중요하다는 점을 누구보다도 잘 알고 있기 때문에 멘티의 실수를 감정적으로 대하거나 인격에 상처를 주는 방법을 결코 사용하지 않는다. 왜, 무엇 때문에, 그리고 어떻게 잘못했기 때문에 어떻게 바뀌어야 하는지를 차근차근 논리적으로 설명해주고 그에 대한 대안까지 함께 제시해주어야 한다. 자신의 성질을 못 이기거나 때로 불같이 화를 내면서 실수에 대해 조언을 하는 사람은 진정한 멘토로서의 자격이 없다고 말할 수 있다.

귀 기울여 말을 듣지만 대신 해주지 않는 사람

멘토는 또한 그 누구보다도 멘티의 말에 대해서 잘 귀를 기울여 주는 사람이기도 하다. 진정한 커뮤니케이션은 자신의 말을 상대에게 끊임없이 '주입' 하는 사람이기보다 오히려 상대의 말을 끝까지, 그리고 진심으로 들어주고 이해해주는 것을 의미한다. 또 상당 부분 자신의 어려움을 상대에게 토로하다 보면 자기도 모르게 자연스럽게 그에 대한 해답을 찾는 경우도 있다. 흔히 질문 속에 대답이 있듯이 이러한 토로 속에서 대안이 찾아지기도 하기 때문이다.

또한 멘토는 이렇게 멘티의 말을 잘 들어주기는 하지만 결코 멘티가 해야 할 일을 대신해주는 경우는 없다. 이는 멘티의 책임감과 의무감을 훼손하는 일이기 때문이다. 만약 이렇게 되면 멘티는 오히려 멘토에게 비뚤어진 의존을 하게 되고 이는 멘티의 삶을 망치는 결과를 초래하기도 한다. 멘토는 공과 사를 철저하게 구분하며 조언과 충고의 선을 절대로 넘지 않는 사람이어야 한다. 그래야 멘토는 자신만의 건강한 실천력을 길러나갈 수 있기 때문이다.

자신의 삶에 만족하고 봉사하는 사람

멘토의 마지막 특성 중의 하나라면 바로 자기 자신의 삶에 무척 만족을 하고 있을 뿐 아니라 그 행복을 더욱 더 전파하기 위해서 봉사를 하고 있는 사람일 경우가 많다는 점이다. 일상에서의 만족은 무엇보다 자기 자신에게 균형감과 안정감을 줄 수 있고 또 이러한 상태에서는 사물이나 상황을 객관적으로 바라볼 수 있는 힘이 생긴다. 멘티를 조언할 때도 마찬가지다. 만약 멘토가 자신의 욕구와 불만족 속에서 상황을 온전히 판단하기 힘든 상태라면, 이는 진정한 멘토로서의 자격이 부족하다고 말할 수 있다.

인맥 디자인을 위한 'D & J' 7가지 법칙

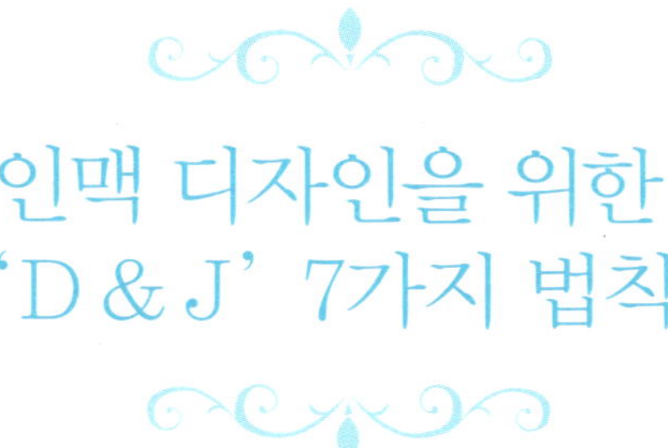

인맥 디자인을 위해 제안하는 'Don't&Just' 의 법칙은 기존의 인맥 관계에 대한 이론과 실천 방법론과는 사뭇 다른 점이 많다. 기존의 방법론들이 의도적이고 의식적이고 또한 목표 지향적이었다면 이 새로운 방법론은 그러한 것이 없다.

오히려 의도적이지 않고 의식적이지도 않으며 또한 명확한 목표를 세우지도 않는다. 이름 그대로 '그저(Just)' 하는 것이다. 따라서 이 방법은 억지스럽지 않고 자연스러우며 상대에게 독자 당신을 각인시키는 데 있어서 매우 조화로운 방법을 알려줄 수 있을 것이다.

Don't Watch, Just Play with Them
그들과 즐겨라

첫 번째 중요한 방법론은 바로 '생각하지 말고 그냥 그들과 함께 즐겁게 놀고 즐기라' 는 것이다. 우리는 흔히 자신의 일을 제대로 추진하지 못하고 또 인생의 계획에 대해서도 명확하게 실천하지 못하는 사람을 보고 '생각 없이 사는 사람' 이라고 칭하기도 하고 '개념이 없다' 고 말하기도 한다. 따라서 일반적인 의미에서 '생각 없이 놀고 즐겨라' 는 말은 부정적인 의미로도 받아들여질 수 있을 것이다. 그러나 발상의 전환은 생각보다 큰 효과를 가져다 줄 수 있다.

특히 남자들은 소위 '불알친구' 라는 이야기를 많이 한다. 그들은 어릴 때부터 아무런 목적도 없이, 의도적이지도 않게 서로 옷을 벗고 동네 강가 등지에서 놀아왔다. 그야말로 특별한 생각도 없었다. 한 동네에 살고 있으니 사귀지 않을래야 사귀지 않을 수 없었고 굳이 싸우지 않는 한 친하게 지내는 것이 오히려 더 자연스러웠던 것이다. 남성들의 세계에서는 나이가 들고 나서도 이 '불알친구' 라는 인맥의 힘이 상당하다 못해 강력할 정도라고 한다. 비록 서로의 약점까지 알고 있다는 단점도 있지만 한번 뭉치기 시작하면 그 어떤 인맥 관계보다 강한 힘을 발휘하게 된다.

다시 거슬러서 생각해보면 이들이 이처럼 강한 인맥 관계를 형성시킬 수 있었던 것은 말 그대로 아무 생각 없이 놀았던 어린 시절이 있었고 그에 대한 추억이 있었기 때문이다.

필자가 알고 있던 한 20대 후반의 남자 기자는 이에 대한 아주 적절한 사례를 보여주고 있다. 그는 프리랜서 자유기고가였고 늘상 하는 일은 잡지사나 사보 편집장의 부탁을 받고 원고를 써주는 일이었다. 하지만 잡지나 사보에는 늘 사진이 같이 들어가니 사진작가와 같이 동행을 하기 마련이다. 처음 만나는 두 사람은 당연히 낯설 수밖에 없다. 마음이 잘 맞아 통하면 일도 쉽고 재미있지만 서로 스타일이 다르면 무척 고생스럽다는 것이다.

그 자유기고가가 하루는 지방 취재를 가게 됐다고 한다. 그런데 그 취재 아이템이 '옛길을 찾아서' 라는 아주 힘든 내용이었다고 했다. 조선시대 보부상들이 다녔던 그 옛길을 찾아 나서는 취재를 했으니 일부는 사라진 곳도 많았을 것이고 당연히 시골의 산길로 굽이굽이 다녔던 것은 두말 할 필요도 없을 것이다. 때는 한창 더웠던 8월. 아무리 에어컨이 있는 차를 타고 이동을 한다지만 상당히 고생스러웠다. 옛길을 찾아 산

중턱까지 올라갔지만 아무리 찾아도 옛길을 나오지 않고 길은 끊어져 있었다. 난감하고 허탈한 심정. 그런데 그 길의 끝에는 아주 조그마한, 채 10평도 되지 않은 저수지가 있었다고 한다. 깊은 산속에서 내려오는 물이었으니 얼마나 차가웠을 것인가. 남자 기자와 사진작가는 처음 본 낯선 관계였음에도 불구하고 옷을 벗어던진 채 마냥 어린 아이처럼 물속으로 뛰어들어 한동안 더위를 잊은 채 즐겼다고 했다. 그리고 그 두 사람은 훗날 함께 책을 내기도 하면서 그 누구보다 끈끈한 인맥을 형성했다고 했다. 그 뜨거운 여름날의 즐거웠던 추억은 그들을 묶어주는 단단한 끈이 되었던 것이다. 그 두 명의 남자들이 했던 것은 오직 즐긴 것밖에 없었다. 아무 생각도 없고, 목표 의식도 없이 그저 한 여름의 더위와 아무리 찾아도 나오지 않는 그 옛길에 대한 허탈함도 생각하지 않고 함께 놀았을 뿐이다. 비록 둘은 '불알친구'는 아니었지만 그에 못지 않은 경험을 공유하게 된 것이다.

인맥을 맺어나가는 방법 중의 하나는 바로 이렇게 특별한 목표의식 없이 함께 노는 것이다. 상대와 자신의 취미가 맞으면 더할 수 없이 좋을 것이다. 술을 좋아하면 함께 술을 마시고, 노래를 좋아하면 노래를 부르면서, 해양 스포츠를 좋아한다면 그저 해양 스포츠를 함께 하는 것이 바로 인맥을 다져나가는 가장 소중한 첫걸음이라는 이야기다.

이러한 방법론이 좋은 이유는 우선 상대에 대해서 계산적으로 바라보지 않는다는 점이며 이는 곧 서로가 서로를 순수하게 대한다는 이야기다. 이러한 즐거움과 놀이는 낯선 타인에 대한 경계심을 풀어주고 쉽게 가까워질 수 있게 해준다. 서로에 대한 믿음과 신뢰라는 것은 결코 한 순간에 생겨날 수 없다. 당신이 혹여 누군가와 인맥을 맺고 싶다면, 아무 생각 없이 그와 즐길 수 있는 것을 즐겨보라. 그러한 시간이 충분히 흐르고 나면 둘 사이의 관계는 생각보다 훨씬 강하게 연결되어 있을 것이며, 서로가 어려움에 빠져있을 때는 누가 뭐랄 것도 없이 서로 도움을 주기 위해서 나서게 된다.

'생각없이 단지 즐기라'는 인맥 디자인의 제1원칙은 인맥을 맺어나가는 가장 기초적인 방법을 설명해주고 있다. 처음부터 부담스러운 관계는 끝까지 부담스러울 수밖에 없다. 낯선 상대를 만나는 것 자체도 부담스러운 일임에 틀림없는데, 거기다가 더해 뭔가 끊임없이 상대에 대해 생각하고 계산된 행동을 하고 지나친 배려를 하게 되면 불편함을 느끼게 마련이다. 의도적이 아니라 마음에서 당신을 생각하게 만들어라.

Don't Manage, Just Give Information
관리하지 말고 정보와 지식을 주어라

앞서 인맥 관리의 가장 나쁜 것 중의 하나가 바로 인맥 상대자들을 '관리' 하려는 의도라고 할 수 있음을 말했다. 정기적인 전화와 의도적인 만남은 상대에게 목표 지향적이라는 인식을 심어주기 때문이다. 그렇다면 그들을 관리하지 않는다면 어떻게 인맥을 맺을 수 있을 것인가.

한 컨설턴트의 예를 살펴보자. A씨는 오랜 기간 유명 컨설팅 회사에서 근무를 했고 40대 초반, 회사보다는 혼자 힘으로 독립을 하기 위해 별도의 회사를 설립했다. 하지만 그가 아무리 예전에 유명한 회사에 있었다고는 하지만 그것만으로 컨설팅 업무가 저절로 알아서 굴러들어오는 것은 아니었다. 이제 어엿한 회사의 사장이 되었다면 그는 스스로 영업을 해야 하고 자신이 할 일거리를 만들어 가야 한다. 그러나 A씨는 전혀 영업을 하지 않는다. 누군가에게 가서 자신의 화려한 프로필을 보여주면서 일을 하겠다고 나서지도 않고 또 흔히들 하는 블로그나 웹사이트도 운영하지 않는다. 한마디로 전혀 노력을 하지 않는 것이다. 그런데 재미있는 것은 회사를 설립하고 2~3개월이 지나면서부터 일거리가 끊이지 않는다는 사실이다. 그의 실력이 뛰어나서? 물론 실력이 뛰어나다는 것은 기본이지만 컨설팅 회사가 한 두 개도 아닐 뿐더러 아니고 그 A씨보다 더 뛰어난 컨설턴트이자 CEO인 사람들도 있기 때문에 단지 그의 실력 때문이라고만 할 수는 없다. 그렇다면 왜일까. 그는 어떻게 해서 전혀 일반적인 영업을 하지도 않으면서 일거리가 끊이지 않을 수 있을까.

예상했듯이 그는 아주 독특한 방식으로 영업을 하고 있었다. 그는 예전에 알고 있는 지인이 있거나 혹은 소개를 받아 새로운 사람을 만나게 되면 우선 그 사람의 비즈니스가 어떤 것인지부터 자세하게 파악을 한다. 그리고 상대가 어떤 면에서 어려움을 겪고 있으며 그 원인이 무엇인지를 면밀하게 파악한다. 이를 위해서는 뛰어난 분석력과 판단력이 있어야 함은 물론이다. 그 다음 A씨는 상대에게 지금의 어려움의 원인이 무엇이고 어떻게 해야 위기를 탈출할 수 있으며 더 나아가 어떻게 하면 더 상대의 비즈니스가 발전할 수 있는지를 조언해 준다. 물론 아무 사심없이 하는 행위이고 또한 이러한 대화는 전혀 부담없는 식사 자리나 술자리에서 이루어진다. 한마디로 A씨는 상대방에게 전혀 부담을 주지 않으면서도 자신이 하고 싶은 말을 전부 다 한

것이다. 물론 A씨의 이러한 이야기들에 대해 상대방은 집
중해서 들을 수밖에 없다. 다른 사람도 아니고 자기 자신의
어려움을 해결해주기 위해 이야기를 하는 사람들의 말을
듣지 않을 도리는 없기 때문이다. 또한 상대가 A의 그러한
이야기와 마음 씀씀이에 대해 크게 감동하는 것은 당연한
일이다.

그 다음에 다시 만날 기회가 있으면 A는 역시 같은 태도
를 취한다. 지난 번보다 상대방의 사업이 조금 더 나아졌는
지, 자신이 말해준 내용을 꾸준히 실천을 하고 있는지를 확
인하고 또다시 발전적인 조언을 해준다. 물론 A는 꽤 뛰어난
순발력을 가지고 있으며 상대방이 하는 말의 이면까지 헤아
려 충고를 해주곤 한다. 그렇게 하면 상대방은 드디어 '결정
적인' 말을 꺼내게 된다.

"이봐 A씨, 자네가 그렇게 잘 알고 있고 또 직업도 컨설턴
트이니 그럼 자네가 직접 나를 좀 도와주는 건 어떤가?"

A씨는 전혀 영업을 하지 않는 듯 하면서도 가장 중요한
영업을 한 것이고 아주 자연스럽게 일거리를 수주하게 된 것
이다. 이러한 방식을 이른바 '컨설팅식 영업'이라고 한다.
상대가 무엇이 필요한지를 지속적으로 조언(컨설팅)해주다
보면 그것이 바로 영업이 되는 것이다. 이러한 방식의 영업

은 매우 고급스러운 영업에 속한다. 흔히 일의 수주를 놓고 주변의 경쟁자들과 경쟁을 할 때에는 가장 먼저 가격을 낮춤으로써 경쟁력을 확보하려는 경향이 있다. 하지만 이런 방식은 소위 '제 살 깎아먹기'에 다름이 아니고 업계의 '물'을 스스로 흐리는 꼴이 되어 버리고 만다. 당장 일을 수주할지는 모르겠지만 장기적으로는 더 이상 가격을 올릴 방법을 찾지 못하고 제풀에 꺾이는 경우도 허다하다. 그러나 이러한 방식의 '컨설팅식 영업'은 다르다. 오히려 지식과 정보라는 압도적인 우위에서 일을 수주하게 되고 이를 통해 상대방의 신뢰까지 한꺼번에 끌어들일 수 있기 때문이다.

인맥을 맺어나가는 것도 비슷하다. 자신과 함께 있는 사람이 무엇이 필요한지, 무엇 때문에 어려움을 겪고 있는지를 조언하고 충고하고 정신적인 힘이 되어 주면 상대는 먼저 자신이 나서서 당신을 찾기 마련이다. 인맥 '관리'를 생각하지 않고 지식과 정보를 주는 이러한 '컨설팅식 인맥 맺기'를 하게 되면 또 하나의 좋은 점이 있다. 그것은 앞에서도 살펴본 바와 같이 바로 '우위에 선 관계'가 될 수 있다는 것이다. 상대가 필요한 것을 내가 가지고 있다면 자신이 우위에 설 수 있게 되고 그렇게 되면 관계는 좀 더 어렵지 않게 풀린다. 물론 이렇게 우위에 선다는 것이 거만하거나 오만한 관계를 맺으라는 이야기는 절대 아니다. 오히려 자신이 주도가 되어 보다 깊숙한 인맥을 위한 기회를 마련할 수도 있고 더불어 좀 더 겸손해짐으로 인해서 철저한 신뢰를 받을 수도 있다. 어쩌면 당신의 '관리'에 의해서 상대방이 좌지우지될 수 있다고 생각하는 것 자체가 오히려 더 오만한 것일지도 모른다.

Don't Flatter, Just Become a Friend
아부하지 말고 친구가 되어라

자신보다 나이가 많은 사람들과 인맥을 맺는 과정에서 많은 사람들이 실수를 하는 부분이 바로 그들에게 '아부' 비슷한 것을 한다는 것이다. 물론 상대의 기분을 맞춰주고 그에 적절한 대응을 해주는 것이 나쁘지는 않지만, 마치 아부가 인맥을 위한 아주 중요한 툴(Tool)인 듯 생각하는 사람들도 있다. 하지만 브릿지 피플과 같이 명민하고 예민한 사람들은 상대의 태도가 아부인지 아닌지를 금방 알아차리기 마련이다. 또한 그들은 아부를 일삼는 사람과는 그리 가까이 하지 않으려고 한다.

상대방의 나이가 많더라도 얼마든지 '친구'가 될 수 있다.

이때의 '친구'란 개념은 말을 놓고 허물없이 지내는 사이라기 보다는 서로가 의지할 수 있는 관계임을 말한다. 사실 나이가 어린 사람들이 나이를 더 따지는 경향이 강하다. 30대 중반에서 40대로 넘어가고 50대에 이르게 되어 이제 어느 정도 이 사회를 알게 된 원숙한 사람들은 나이보다 더 중요한 것이 있다는 사실을 알기 때문에 함부로 나이가 어리다고 무시하거나 깔아뭉개려고 하지 않는다. 오히려 자신보다 나이가 어린 사람에게도 철저하게 존댓말을 쓰는 경우도 있고 어떤 부분에서 자신보다 탁월하다 싶으며 깍듯한 예의를 갖추는 경우도 많다.

한국 사회에서는 유난히 이 나이에 대한 편견이 많다. 나이가 많은 사람은 무조건 공경을 받아야 하고 또 뭐든지 잘해야 한다는 인식이 있다. 물론 나이가 들수록 공경도 받고 실력도 늘어야 함은 물론이다. 그러나 나이가 들어도 못하는 것이 있고 또한 아랫사람에게 의지할 부분도 있다. 이러한 현실 자체를 이해하지 않으려는 사람이라면 사실 인맥을 맺을 위인도 되지 못한다고 할 수 있다.

따라서 나이를 막론하고 그들과 친구가 될 수 있다면 진정한 인맥은 바로 그때부터 시작된다고 해도 과언이 아니다. 중국인들은 비즈니스를 하기 전에 친목부터 도모한다. 그들은 큰 맥주잔에 독한 고량주를 가득 담아서 연신 ‘건배’를 외치면서 이렇게 말한다.

“사업을 하기 전에 친구부터 됩시다!”

이 말은 곧 무슨 말일까. 사업은 복잡하면서도 고도의 테크닉이 필요한 예술과도 같은 것이다. 그 어려운 사업을 같이 하려면 우선 마음부터 맞아야 하고, 서로가 친구가 될 수 있는지부터 검증을 해보아야 한다는 이야기다. 이는 앞서 살펴본 D&J의 제1법칙과도 일맥상통한다. 친구가 된다는 것 역시 노력해서 되는 일은 아니다. 그저 놀고 즐기는 과정에서 친구가 되는 것이다. 중국인에 대한 이야기를 하나 더 하고 넘어가자.

중국에서 사업을 한 지 7년이 넘어가는 한 사업가의 이야기다.

“중국인들은 절대로 신뢰가 쌓이지 않으면 사업을 같이 하지 않습니다. 제가 아는 한 중국인은 무려 5년간이나 저를 탐색하더라고요. 물론 겉으로는 친한 척하면서 술도 먹고 하지만 단 한번도 나를 보고 ‘형’이라고 부르지도 않고 사업 제의도 하지 않았죠. 그러다 어느 날 ‘앞으로 제가 형님으로 부르겠습니다’ 라고 말하더니 드디어 같이 사업을 하자고 하더라고요. 그들의 처세술에도 놀랐지만 신뢰가 없으면 절대로 일을 하지 않는 그들만의 비즈니스 마인드는 대단했습니다.”

어설프게 맺어져 이어나가는 ‘인맥 관리’ 보다도 이렇게 철저한 신뢰를 바탕으로 한 관계는 그 수명도 오래갈 뿐만 아니라 매우 안정적이라고 할 수 있다. 아부를 함으로써 얻을 수 있는 것은 지금 당장의 ‘당의정’ 같은 달콤함 뿐이다. 그보다 진실한 의미에서의 친구가 되었을 때, 그래서 정말로 ‘뿌리 깊은 나무’ 와 같은 친구의 우정이 생겼을 때 흔들리지 않는 인맥 관계가 형성된다고 할 수 있을 것이다.

Don't Demand, Just Show Your Results
요구하지 말고 너의 결과를 보여주어라

과정이 중요한가, 혹은 결과가 중요한가에 대해서는 사람들마다 이견이 있다. 결과도 중요하지만 이보다는 최선을 다한 과정이 더욱 중요하다는 사람도 있고, 반대로 과정보다는 결과가 모든 것을 말해준다고 하는 사람도 있다. 그러나 인맥의 방법론에 있어서 만큼은 과정보다 결과가 더 중요하다. 굳이 비즈니스의 자리가 아니라도 사람과 사람 사이에 만남이 있고 대화를 하다보면 약속이 생기게 된다. 물론 사소한 것일 수도 있고 그렇지 않은 것일 수도 있다. 간단하게는 '맛있는 음식점을 아는 곳이 있냐?' 라는 것에서부터 '특정 분야에 아는 사람이 있는가?' 라는 것도 모두 약속에 속한다.

때로 이렇게 사소한 약속들은 그냥 물어보는 것일 수도 있고 아니면 진짜 필요해서 물어볼 수도 있다. 그런데 중요한 것은 아주 사소한 것이라고 할지라도 반드시 그 '결과'를 보여주어야 한다는 것이다. 상대방과 있는 자리에서 아무리 말로만 떠든다고 하더라도 결과가 없으면 아무런 의미가 없다는 사실을 직시해야 한다. 이렇게 결과를 중요시하는 것은 바로 상대방에게 철저한 믿음을 주고자 하는 이유다. 즉, '저 사람은 무슨 말만 하면 반드시 실천을 하는군', 혹은 '어떻게 해서든 결과를 만들어내는 저 사람과는 뭐든지 함께 할 수 있어' 라는 긍정적인 이미지를 끌어내려는 것이다. '나를 믿어 달라', '나는 뭐든지 할 수 있다' 는 말은 상대방에게 아무런 영향을 미치지 못하게 된다. 또한 그런 말들을 연발하게 되면 오히려 부정적인 영향만을 줄 뿐이다. 차라리 결과가 없다면 아무런 말을 하지 않는 것이 더 나은 방법이다.

필자가 아는 한 40대의 남성은 늘 자신이 무엇을 할 것이며, 또한 그것을 언제까지 어떻게 이루겠다는 말을 많이 한다. 대부분 사업적인 면에서, 또 한편으로는 개인적인 생활의 영역에서도 다짐과 계획을 통해서 미래를 계획하고 그것을 이야기하는 것이다. 그러한 과정은 자기 확신과 마인드 컨트롤이라는 면에서는 좋은 점이라고 할 수 있다. 그러나 중요한 것은 그가 말한 대부분의 것들이 지켜지지 않는 점이다. 물론 자기 나름대로의 핑계가 전혀 없는 건 아니다. 듣고 보면 그 핑계에서도 이해가 되는 부분도 있고, 어쩔 수 없이 그의 사정을 이해해줄 때도 있다. 하지만 결과적으로 그가 이뤄놓은 것이 아무 것도 없다는 점은 그에 대한 믿음을 철회하게 만드는 게 사실이다.

그 다음부터는 그 사람이 아무리 좋은 계획을 하고 타인들에게 도와달라고 말해도 남들은 '그저 그런' 눈으로 보게 마련이다. 말 그대로 현대판 양치기 소년이다. 이런 류의 사람은 단지 동화에만 있는 것이 아니다. 우리가 살아가는 일상에서 늘 만날 수 있고 더불어 끊임없이 타인들에게 신뢰를 잃어가고 있다.

인맥의 또 다른 이면에서 철저한 계산의 관계가 배경이 되고 있다. 서로에게 얻을 것이 없는 사람끼리는 만나지도 않고 도움을 주지도 받지도 않는다. 그런 면에서 겉으로 보이는 친한 우정의 안에도, 든든하고 협력적인 파트너와의 관계에서도 그 이면에는 모두 일종의 '계산'이 깔려있다. 상대가 나에 대해 두드리는 '계산기'에 후한 점수를 매기게 하기 위해서는 어떠한 경우에도 결과로 승부하고, 그 결과로 인한 성과를 낼 수 있다는 점을 확신시키지 않으면 안 되는 것이다.

Don't Take, Just Give
받으려 말고 주어라

인맥에 관해서 많은 사람들은 'Give and Take'의 관계라고 말을 하곤 한다. 당연한 말이고 이는 인맥에 관해서는 영원불변의 법칙이라고 해도 과언이 아니다. 앞에서도 언급했듯이 인맥은 철저한 계산의 과정에 다름 아니기 때문이다. 그러나 'Give and Take'보다 더욱 더 강력한 인맥 맺기 방법론이 있다면, 그건 바로 'Just Give'이다. 받을 생각을 아예 하지 말고 무조건 주라는 이야기다. 이 '주는 것'에는 다양한 것이 포함되어 있다. 때론 작은 경제적인 도움이 될 수도 있을 것이고 심리적 안정, 훌륭한 조언, 그리고 사소한 인맥 소개나 일 처리에서의 도움도 될 수 있다. 설사 자신이 충분히 받을 만한 위치에 있음에도 불구하고 받지 않을 때의 그 놀라운 힘은 경험해 본 사람만이 느낄 수 있다.

한 방송인은 '마당발'로 소문이 나있지만 그보다 '남을 도와주는 사람'으로 더 잘 알려져 있다. 물론 그가 봉사 단체에 큰돈을 기부하거나 실제 어려운 환경에 있는 사람을 위해 몸으로 일을 하는 것은 아니다. 그저 자신이 알고 있는 주변의 사람들이 어려움에 처하거나 도움이 필요하면 두말없이 도와준다. 그러나 중요한 것은 그가 자신의 도움에 대해서 상대에게 생색을 내거나 또는 그 일을 거론하면서 자신을 자랑하는 일 따위는 절대로 하지 않는다는 사실이다. 예를 들어보자면 이런 식이다. 그의 매니저인 B씨는 급하게 돈 1,500만 원이 필요했다. B씨는 이런 사정을 지나가는 말로 A씨에게 했지만 돈을 빌려달라거나 하는 내색은 전혀 하지 않았다. 실제 B씨는 A에게 돈을 빌릴 생각조차 하지 않았다. B씨는 자신의 힘으로 돈을 구하기는 했지만 500만 원이 부족했다. 할 수 없이 A씨에게 만나서 부탁할 요량으로 전화를 걸었다. 힘없는 그의 목소리에서 벌써 눈치를 챈 A씨는 B씨가 먼저 말하지도 않았는데 만나는 장소에 미리 500만 원을 준비해서 나간 것이다. 그리곤 두 말없이 빌려주었고 바쁘다면서 다른 곳으로 갔다. B씨가 미안해하고 고마워할 것이기 때문에 오히려 빨리 자리를 피해버린 것이다. A씨의 이러한 행동에 대해서 B씨는 고마운 마음이 들지 않을 수 없었고 말 그대로 늘 A씨의 말에는 '충성'을 다하게 되었다. 물론 돈을 예로 들긴 했지만 꼭 돈만이 중요한 것이 아니다. 오히려 거꾸로 생각해보자면 A씨와 B씨는 매우 가까운 사이였기에 돈을 빌려주고 받을 수 있었지만 그렇지 않은 관계에서 돈은 오히려 인맥을 해치는 것이 되기도 한다.

어쨌든 중요한 것은 이렇게 상대의 상황을 미리 간파하고 알아서 도와주는 것, 그리고 그에 대한 어떠한 내색도 공치사도 받으려 하지 않는 행위들은 'Just Give'의 전형적인 행위라고 할 수 있다. 이를 통해 B씨는 아주 강력한 인맥으로 작용하게 되는 것이다.

그렇다면 과연 'Just Give'의 궁극적인 목표는 무엇일까. 그것은 일종의 부채감이라고 하는 것이다. 심리학적으로도 상대방에게 일종의 부채가 있을 때에는 빨리 그에 해당하는 것을 갚으려는 생각을 하고 늘 그러한 기회를 찾게 된다. 하지만 그 부채감이 쉽게 갚아지지 않을 때는 정서적으로 매우 친밀한 관계가 되는 것이다.

무엇이라도 하나 더 도와주려고 하고 어떤 식으로든 도울 방법을 찾으려고 하기 때문이다. 결론적으로 'Just Give'는

'Give and Take' 보다 한 단계 더 앞서 있는 인맥 맺기의 진화라 할 수 있다.

Don't be Angry, Just be Patient
화내지 말고 인내하라

인맥 관계에 있어 또한 무엇보다 중요한 것 중의 하나는 '인내' 라고 할 수 있다. 상대에게서 보다 빨리 무엇인가를 얻어내려고 하는 것만큼 어리석은 일도 없다. 오래 끓인 곰탕이 진한 국물 맛을 우려내듯이 오래된 인맥 관계에서 진정한 인맥의 힘이 발휘되기 때문이다. 그리고 이는 단지 인맥 관계 자체를 오래 유지하라는 의미만은 아니다. 자신과 일단 관계를 맺은 사람이라면 비록 그가 한때 잘못된 길로 들어서거나 실수를 한다고 하더라도 끝까지 지켜보고 용기와 힘을 잃지 않게 도와주는 것이 필요하다. 왜냐하면, 바로 당신도 그런 실수를 할 수 있기 때문이다. 인간은 누구나가 실수를 할 수 있기에 자신이 알던 사람이 실수를 했다고 해서 너무 쉽게 돌아서면, 바로 당신도 그런 상황에 처할 수도 있게 된다.

필자의 경험은 '사람을 인내한다' 는 것이 어떤 의미인지를 잘 보여준다.

오랜 선배이자 스승이기도 한 A, 그리고 나와 A가 동시에 알고 있는 B라는 사람이 있었다. 선배는 예술가인 B를 물심양면으로 도와주었다. 하지만 필자는 B가 영 마음에 들지 않았다. 사람들이 알고 있는 그의 겉모습과 그가 보여주는 진짜 모습은 때로 가식적이라고 할 정도로 이중적이었기 때문이다. 물론 선배도 그 사실을 모르는 바는 아니었다. 하지만 그는 B를 멀리하라는 주변의 충고를 받아들이지 않았다.

그리고 나중에는 B 때문에 선배까지도 욕을 먹는 경우가 생기고 말았다. 보다 못한 나는 결국 선배에게 충고를 하기로 결심했다. 그것도 매우 진지하고 심각하게 말이다. 그러나 그의 대답을 듣고 나는 부끄러움을 느끼지 않을 수 없었다.

"나를 진정으로 걱정하기 때문에 그런 말을 해주는 건지는 알아. 하지만 나는 이미 한 사람을 알아버렸어. 그가 비록 어떠한 행동으로 세상 사람들의 욕을 먹더라도 이미 알아버린 B를 버릴 수가 없어. 우리가 참고 기다려야 하는 것 아니겠니? 나는 기다릴 거야. 그가 다시 제대로 돌아올 때까지 말이야."

B의 모든 허물과 잘못을 다 알고 있으면서도 내색하지 않고 끝까지 그를 지지하고 배려하는 선배의 모습에서 필자는 진정한 포용력과 인내에 대해서 다시 한 번 생각할 수밖에

없었다. 그렇게 세월이 지난 후 소설처럼 B는 과거의 자신을 잊고 원래의 모습으로 돌아오는 듯했다. 열심히 일을 하며 주위 사람들에게 다시 신뢰를 얻어가기 시작한 것이다. 나는 예전에 선배에게 느꼈던 미안함과 민망함을 조금이라도 만회해보려고 했다.

"B가 잘 되고 있다네요. 다 선배가 잘 키워주신 덕분이예요."

하지만 선배는 오히려 두 눈을 동그랗게 뜨고 내게 되물었다.

"무슨~ 내가 키웠다고? 왜 그런 말을 해? B가 무슨 강아지니? 나는 그를 도와준 적이 없어. 그는 원래부터 강한 자질과 뛰어난 능력을 가지고 있었어. 한때 삐끗해서 그런 것일 뿐이야. 나는 그 사람을 키우지도 않았고 그를 위해 한 일도 별로 없어. 네가 알잖니?"

사람이 사람을 인내한다는 것은 이렇듯 쉬운 일은 아니지만 또 한편으로는 위대한 일이기도 하다.

자신이 맺은 모든 인맥의 사람들이 전부 다 완벽하지 않다는 것은 너무도 당연한 말이다. 비록 일시적으로 상대에 대해서 실망을 한다고 하더라도 참고 인내하는 지혜도 함께 갖추어야 할 것이다.

Don't Ignore, Just Help Them
무시하지 말고 도와주라

사람들은 당장 자신에게 도움이 될 것 같지 않은 사람들은 무시하는 경향이 강하다. 이는 '투자의 법칙'과 매우 유사하다. 투자는 반드시 이득이 전제될 때에만 행해지는 것이다. 이득 없는 것에는 그 무엇에도 투자하지 않으려는 것이 사람들의 일반적인 행동양식이다. 이것이 사람에게 적용될 때 앞서와 같은 '타인에 대한 무시'가 시작된다. 하지만 힘없는 사람들에 대한 무시는 종국에 자기 자신에 대한 더 큰 손해로 이어질 수 있다. 그러니까 우리는 일반적인 투자의 법칙을 넘어서는 '더 큰 비전의 투자'를 할 필요도 있다는 이야기다. 비록 당장에 도움이 되지는 않을지는 몰라도 아주 오랜 장래를 내다보고 사람에 대해 투자를 해야 한다는 의미다.

최근에 소위 '대박'을 만들어낸 한 영화 제작자의 이야기다. 그는 이미 5년 전부터 그 영화를 준비하고 있었다. 시나리오도 거의 완성이 되었고 당시 본인은 대중성과 상업성에 대한 확신을 가지고 있었다. 하지만 주변에서 그를 믿어주는 사람은 그다지 많지 않았다. 시나리오를 보는 감각이 틀려서인지 그다지 많은 사람들이 도움을 주지 않았던 것이다. 주연 배우를 섭외하는 데에도 난항을 거듭했다. 도통 여주인공을 하겠다고 나서는 배우가 없었던 것이다. 그렇게 세월은 1년, 2년이 지나 4년이 다되어갈 때 쯤이었다. 그 영화제작자는 그렇게 4년간의 세월을 흘려보냈다. 남들이 보면 '백수처럼 노는 시간' 일지 모르겠지만, 정작 본인은 자신의 일에 결코 열정의 끈을 놓지 않았다. 하지만 그 세월 동안 주변의 사람들은 하나 둘씩 떠나가기 시작했다. 어떤 사람은 그 영화 제작자를 보고 '되지도 않는 시나리오로 꿈만 꾸는 사람' 이라고 하기도 했고 또 일부는 '이제 더 이상 영화판에서 일을 하지 못하는 것 아니냐' 는 우려를 하기도 했다.

하지만 그는 결국 영화를 완성시켜 냈고 한국 영화사상 손에 꼽을 정도의 대흥행 기록을 세우고야 말았다. 영화제작자는 절치부심의 시간이 흐른 뒤에 다시 영예를 얻을 수 있고 충무로의 새로운 별로 우뚝 솟았다. 그랬더니 이제 다시 점차 주변에 사람들이 모이기 시작했다. 그러나 제작자는 지난 시절을 떠올렸다. 힘없던 자신을 괄시하고 무시했던 사람들을 보면서 사람 사귀기에 더욱 신중해졌고 그와 인맥을 맺기는 더욱 어려워졌다. 또한 그는 깨달았다. 지난 5년이란 세월 동안 자신의 옆에 있어준 사람들이 얼마나 고마운 사람들인가 하는 점을 말이다.

'꺼진 불도 다시 보자'는 말이 있다. 비록 자기 주변에 있는 사람이 '꺼진 불'처럼 보일지 모르지만 그를 다시 한번 바라보는 지혜도 필요하다. 그 꺼진 불이 언제 다시 활활 타오르는 모닥불이 될지는 아무도 모르기 때문이다.

사소하지만 강력한 인맥의 기술들 · 1

'사소한 사람들'의 강력한 힘

인맥이라는 것은 분명 '나와 상대방'의 관계이기는 하지만 은연중에 제3자가 그 관계에 적지 않은 영향을 미칠 때도 있다. 이른바 둘의 관계에 큰 영향을 미칠 것 같지는 않지만 그들이 툭, 하고 내던지는 한마디가 이미지에 결정적인 영향을 미치기도 하기 때문이다. 필자가 아는 한 사진작가는 어떤 대형 음식점 사장과 좋은 인맥 관계를 맺고 있다. 자신이 사진 전시회라도 하면 늘 음식점 사장은 고가의 비용을 들여서 사진을 사주기도 하고 때로 음식점에서 사진이 필요하다고 하면 사진작가는 무료로 사진을 찍어주기도 한다.

그런데 그 사진작가는 음식점에 갈 때면 한 가지 특징적인 행동을 보인다. 바로 음식점 주방장에게 보통 사람 이상으로 친절을 보인다는 점이다. 그는 사장과 인사를 한 다음에 반드시 주방으로 가서 주방장을 불러 세워 악수를 하고 안부를 묻곤 한다. 그리고 음식을 먹고 음식점을 나갈 때에도 반드시 '너무 맛있게 먹었다'는 말을 잊지 않는다. 뿐만 아니라 음식을 서빙해주는 아주머니에게도 늘 친절을 베푼다. 사진작가의 철학이란, '사소한 사람들이 때로 강력한 힘을 가지고 있다'는 것이다. 그들이 사장에게 사진작가에 대해서 한마디 칭찬을 해주면 사장은 사진작가에 대한 이미지가 더욱 좋게 굳어지는 것이다.

이렇게 음식점의 주방장뿐만 아니라 경비원이나 청소부 아줌마 등 우리 사회에서 힘들게 일하면서 제대로 대접을 받지 못하는 분들은 주변에 너무나도 많다. 또 비록 그들의 직업은 사소할지 모르지만 그들 개개인의 인생은 모두 각자에게 너무나 소중한 것임에는 틀림없다. 그들의 직업이 하찮게 보인다고 하더라도 그들의 인격마저 무시하는 어리석음을 범해서는 안 될 것이다. 아무런 관련이 없어 보이는 그들도 때로는 나의 인맥과 이미지 관리에 큰 영향을 미칠 수 있기 때문이다.

사소하지만 강력한 인맥의 기술들 · 2

가족들이야 말로 최고의 인맥이다

사람들은 외부의 인맥을 끊임없이 확장해가는 과정에서 정작 제일 가깝고 중요한 인맥을 돌보지 못하는 경우가 있다. 바로 가족이 그러한 대상이다. 가족은 굳이 맺으려고 하지 않아도 맺어진, 그래서 '하늘에서 맺어준 인맥'이라고 표현할 수도 있을 정도의 굳고 단단한 관계가 틀림없다. '혈육(血肉)'이라는 표현 자체가 그렇다. '피와 살'이라는 의미의 혈육은 어떤 관계나 심리적인 상황으로 설명할 수 없는 가장 강한 요소 중의 하나이다.

그렇다면 왜 가족을 '인맥'의 영역에 안에 넣을 수 있을까. 비록 가족은 자기 자신의 직접적인 비즈니스에 도움이 되지 않을지 모르지만, 자신이 힘들고 지칠 때 쉴 수 있는 사람들이기 때문이다. 자신의 모든 허물을 덮어주고 어떠한 잘못에 대해서도 자신의 편이 되어 주는 인맥은 그리 많지 않다. 하지만 가족은 굳이

말을 하지 않아도 애초부터 그러한 관계였고 또한 언제라도 그럴 수 있기 때문이다.

자신을 재충전시켜줄 수 있고 또 허물을 덮고 용기를 줄 수 있다는 사실 자체만으로 가족은 자신의 훌륭한 인맥이 될 수 있는 것이다.

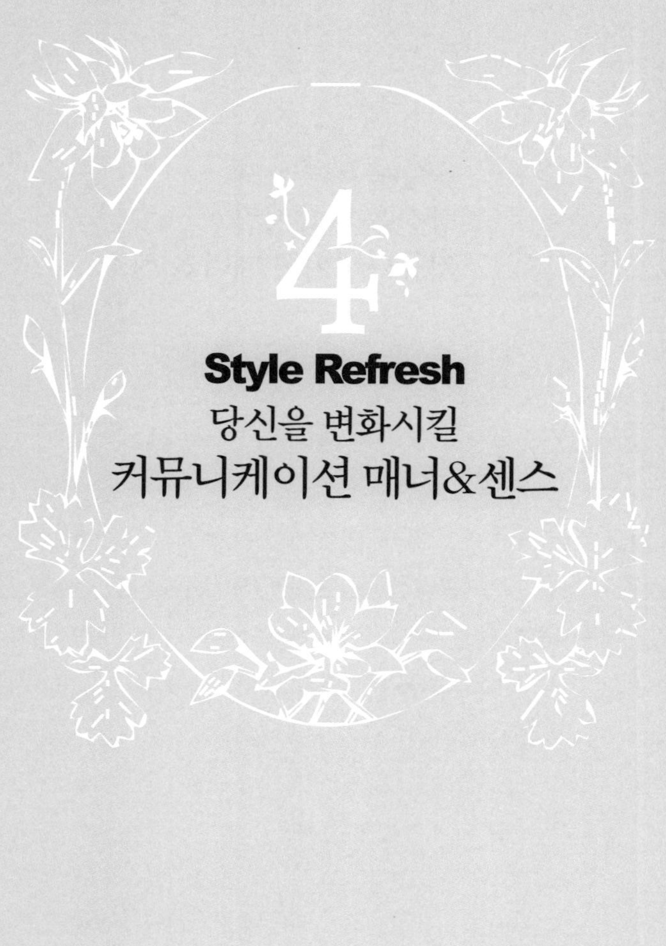

4

Style Refresh

당신을 변화시킬
커뮤니케이션 매너&센스

Style Refresh
당신을 변화시킬
커뮤니케이션 매너 & 센스

사람과의 관계를 끊임없이 연결시키고 지속시켜나가는 것은 바로 '대화' 라고 할 수 있다. 대화라는 이 유용한 의사소통의 방식이 없다면, 아마도 인류의 발전은 지금보다 훨씬 늦어졌을 것이다. 그만큼 대화가 가지고 있는 의사소통의 힘은 강력하다고 할 수 있다.

인맥 관계에 있어서의 의사소통은 단순히 정보와 지식을 전달하는 것에 머무르지 않는다. 대화에서 우러나오는 매너와 센스는 상대에 대한 이미지를 결정짓는 중요한 요소이기도 하다. 중국 당나라 때에는 관리를 등용하는 시험에서 인물 평가의 기준을 '신언서판(身言書判)' 으로 규정했다. 몸가짐과 말씨, 글씨와 판단력이 좋아야지만 관리가 될 수 있는 자격을 부여받을 수 있었다. 여기에서 '말씨' 는 대화의 매너, 어투, 방법 등을 총체적으로 규정짓는 것이라고 할 수 있다. 그 사람이 어떤 단어를 구사하고 어떤 방식으로 말하는가가, 그리고 어떻게 반론을 펴고 자신과 다른 의견을 어떻게 잘 조화시켜 하나의 결론을 이끌어 내느냐가 곧 상대의 인격과 지식의 정도, 그리고 사람 됨됨이를 보여주고 있다는 생각했던 것이다. 바로 이런 점에서 커뮤니케이션을 하는 데 있어서 매너와 센스는 오늘날에도 매우 중요한 역할을 하고 있다. 이제부터 대화를 하는 데 있어서 반드시 피해야할, 혹은 반드시 염두에 두어야할 15가지 커뮤니케이션 매너&센스를 살펴보자.

'열등감'을 조장할 수 있는 말은 피해야 한다

대화를 하다보면 다양한 주제에 대한 이야기가 나오게 마련이다. 애초에 하고 싶었던 말을 하다가도 어디로 튈지 모르는 게 대화이기도 하다. 물론 자연스러운 대화의 자리에서 주제를 제한하는 것도 있을 수 없는 일이기는 하지만 특별히 피해야 할 말들이 있는 것은 사실이다. 그것은 바로 일종의 '열등감'을 자극할 수 있는 말이다. 우리 사회는 특히 열등감에 대한 보수성이 굉장히 강하다. 자신의 열등감을 솔직히 드러내는 것조차 쉽지 않고, 또 그렇게 열등감을 솔직하게 드러나면 '못난 사람'으로 낙인찍히기 일쑤이기 때문이다.

열등감을 자극할 수 있는 말 중의 하나는 바로 학력에 관한 것이다. 함께 모여 있는 사람들의 학력을 모두 알고 있지 못한 이상 학력에 대한 대화들은 일부 사람을 자극할 수 있다. 학력에 대한 열등감은 극히 원초적이라고 할 수 있다. '지식'을 우선시하는 사회에서 '못 배운 사람'이라는 평가는 극단적인 분노까지 초래할 수 있는 민감한 사항이다.

또한 재산에 관한 이야기도 마찬가지다. 특히 양극화와 빈부격차에 대한 담론이 사회적인 이슈까지 되고 있는 상황에서 자신의 재산에 대한 지나친 자랑은 함께 있는 사람에게 거부감을 주게 마련이다.

학력과 재산에 대한 대화를 통해 열등감을 조장하게 되면 일단 그에 못 미치는 학력과 재산을 가진 사람들이 주눅이 들게 되어 대화가 원활하게 진행되지 못할 뿐더러 심하면 전체적인 분위기마저 망치는 경우도 종종 있을 수 있다. 그러나 더욱 문제는 그 열등감을 가진 사람이 더 이상 그 모임에 나오지 않거나 나아가 열등감을 조장한 사람에 대해 반감을 가지게 된다는 점이다. 그렇게 되면 그는 다른 모임의 자리에 가서 그 사람의 인격을 비난하거나 깎아내릴 수 있는 소지가 얼마든지 있기 때문에 주의할 필요가 있다.

겉으로는 자유롭고 상당부분 개방되어 있다고 생각되지만 실제로 한국 사회는 아직도 보수적인 면이 있다는 것을 잊어서는 안 될 것이다. 특히 학력이나 재산 등 민감한 부분에 대해서는 특히 주의를 기울일 필요가 있다.

지나친 겸손은 오히려 오만이다

우리는 늘 어려서부터 '겸손하라'고 배워왔다. 겸손에 대한 미덕은 굳이 말하지 않아도 우리 모두가 다 잘 알고 있고 또한 그것이 사회적으로 얼마나 큰 플러스 요인이 되는지도 모르는 바 아니다. 그러나 겸손함에도 주의할 점이 있다. 그것은 바로 지나친 겸손은 오히려 오만으로 보일 수도 있다는 점이다. 사소하게는 무언가의 의향을 묻는 질문에 대한 대답에서도 예를 들 수 있다. 자신의 관점이 없이 무조건 상대방의 관점에서만 이야기를 한다거나 상대방의 제안에 대한 무조건적인 수락, 혹은 지나친 겸양의 어투는 상대방에게 겸손하기보다는 자신의 말에 오히려 관심이 없거나 나아가 '오버' 하는 겸손처럼 비춰지면서 오만하게 보이는 것이다.

또한 상대방이 자신이 잘한 점에 대해서 칭찬을 할 때에도 마찬가지라고 할 수 있다. 정당한 칭찬은 있는 그대로 받아들일 수 있어야 하는데, 자신을 지나치게 깎아내리는 것은 상대의 칭찬을 거부하는 것처럼 보이게 되고 이 역시 마찬가지로 오만으로 비춰지게 된다. 특히 요즘은 각자의 개성을 솔직하게 드러내는 것이 결코 나쁜 것으로 여겨지지 않는다.

적당한 겸손은 자신의 이미지를 좋게 만들어 주지만 그 겸손을 이유로 들어 자신을 몰개성적인, 혹은 무채색과 같은 사람으로 폄하시킬 필요까지는 없다. '극과 극은 통한다' 는 말이 있듯이 몰개성적이고 무채색과 같은 이미지는 현실과 동떨어지고 타인을 무시하는 듯한 이미지를 줄 수 있기 때문이다.

결국 겸손은 어느 한쪽으로 치우지지 않고 상황에 따라서 적당한 것이 제일 중요하다고 할 수 있겠다. 자신의 장점은 폄하시키지 않는 선에서 자랑하지 않고, 상대를 무조건적으로 수락하지 않으면서도 적절하게 자신의 의견을 조화시키는 겸손함이야말로 진정 이 시대에 필요한 겸손의 미덕이라고 할 수 있겠다.

대화에는 '리듬'이 필요하다

스포츠 경기에 비유하자면 대화는 일종의 탁구 경기와도 같은 것이라고 할 수 있다. '핑퐁'이 서로 주거니 받거니 하면서 하나의 전체적인 게임을 완성하는 것과 마찬가지다. 그러나 한쪽이 너무 세게 나가거나 반대로 한쪽이 너무 약하게 되면 게임은 일방적으로 되어버리고 경기를 시청하는 재미는 없어지고 만다. 탁구 경기야 보는 사람만 재미가 없으면 그만이지만 대화에서는 정작 이야기하는 당사자들이 재미가 없어지기 때문에 대화는 오래 가지 못하고 결실은 없는 공허

한 이야기들만 떠들어댄 격이 되고 만다.

대화에서 무엇보다도 중요한 한 가지는 바로 '리듬' 이라고 할 수 있다. 이는 어투의 리듬이라기보다는 대화를 이끌어 가는 전반적인 분위기에 있어서의 리듬이라고 하는 편이 훨씬 낫다고 할 수 있다. 무겁고 진지한 주제를 이야기하다가 순간 위트 있는 결론을 끌어내거나 또는 즐겁고 신나는 이야기를 하면서도 나름대로의 의미 있는 말을 주고받는 것이 바로 이러한 '리듬' 의 일종이라고 할 수 있다. 대화는 끊임없는 말의 성찬이기도 하다.

우리가 식사를 할 때에도 마찬가지다. 계속해서 고기반찬만 먹을 수 없고, 또 한없이 야채만 먹는 것도 심심한 일이다. 고기와 야채, 그리고 국과 찌개가 서로 어울려야 맛있는 밥상이 되듯이 대화 역시 마찬가지가 되어야 한다는 것이다. 즉, 전체적인 대화를 구성하는 방식에서 다양한 주제와 양념을 더하면서 '맛있는 대화' 를 이끌어 내는 일이 관건이라는 것이다.

이렇게 대화에 리듬을 주기 위해서는 일단 화제 자체가 풍부할 필요가 있다. 이야기와 이야기의 연관성과 차이점을 적절하게 오가며 연관성이 있는 부분을 끌어내고 또 때로는 전혀 관련이 없는 듯이 보이는 부분도 참여시켜 일종의 '버무

림’을 만들 수 있기 때문이다.

풍부한 화제는 무엇보다 책을 통해서 얻는 경우가 많다. 사실 신문이나 인터넷을 통한 정보는 거의 다 비슷비슷하기 때문에 어느 정도 한계에 부딪히게 되면 더 이상 진전이 없을 수 있다. 한마디로 더 이상 서로가 ‘할 말 없는’ 상태가 된다는 이야기다.

하지만 책에서 얻을 수 있는 깊고 충실한 지식은 우리들의 대화를 더욱 심층적으로 만들어 줄 수 있을 것이다. 일부 방송인들은 자신들의 지적 화제를 늘리기 위해 끊임없이 노력하고 사유하고 있다. 평상시의 그러한 노력들이 결국에는 화려한 ‘입담’으로 시청자들에게 선보이는 것이다. 보다 중요한 사실은 ‘책을 읽는다’는 행위 그 자체가 아니라 ‘책을 읽고 그것을 어떻게 대화에 적용시킬까’ 하는 고민이다. 이러한 고민이 없다면 책을 통한 정보는 그저 ‘잡다한 지식’으로 남을 뿐이기 때문이다.

‘추임새’는 대화의 윤활유다

앞서 대화는 ‘리듬’이라고 했다. 그와 동시에 대화는 서로의 생각을 주고 받는 즐거운 행위이기도 하다. 여자들이

수다를 떨면서 스트레스를 푸는 것도 비슷한 이치다. 서로 정보를 공유하고 그 정보에 대해서 함께 생각하고 판단을 내리면서 자신을 확인하고 또 타인과의 정서를 일치시켜 나가는 것이다. 이 즐거운 대화의 과정을 더욱 신나게 만드는 것은 바로 일종의 '추임새'라고 하는 것이다. 대화에서의 추임새는 상대의 말을 받아들이면서 동시에 더욱 띄워주는 역할을 한다. 판소리에서도 추임새가 있으면 노래를 하는 사람들이 더욱 신나게 되는 것과 마찬가지다. 고개를 끄덕이거나 수긍을 하는 눈빛, 그리고 '맞아', 혹은 '그렇지', '내 생각하고 똑같네' 등등의 말들은 상대의 말을 띄워주고 더욱 신나게 말을 하게 하는 일종의 윤활유의 역할을 하게 된다.

이러한 추임새가 중요한 또 한 가지의 이유는 '내가 당신의 말에 몰입을 하고 있다'는 사실을 계속해서 증명해주기 때문이라고 할 수 있다. 어떤 사람이든지 자신이 하고 있는 말에 관심을 기울여주지 않으면 말하는 재미가 없어지고 그때부터 대화는 시들해지기 마련이다. 추임새는 이러한 관심의 표명이고 상대의 말을 계속해서 이끌어내는 하나의 적극적인 유도행위가 될 수 있는 것이다.

하지만 주의할 것은 추임새는 그저 추임새일 뿐이라는 점이다. 지나치게 추임새를 많이 넣다보면 오히려 상대방이 말하려는 바를 까먹게 되고 때로 옆길로 새기도 한다. 따라서 추임새는 상대방의 말을 흐트러뜨리지 않는 선에서 가장 적절하게 하는 것이 제일 중요하다고 할 수 있겠다. 그렇다면 어떤 순간에 추임새가 필요할까. 이는 몇 가지로 나눠볼 수 있는데 첫 번째로는 상대방이 말을 하면서도 스스로 의문시되는 부분이 있을 때이다. 자신의 생각이나 판단을 확신하지 못하고 있을 때 상대방의 동의는 대화의 탄력을 불어넣는다. 뿐만 아니라 정반대로 상대방이 확신하고 있는 말에도 추임새가 필요하다. 자신의 생각이 정확하다는 것에 수긍을 하면서 대화의 진전이 보다 빠르게 이어진다. 또한 상대방의 감정에 함께 몰입해주는 것도 추임새의 일종이 될 수 있다. 상대방이 황당한 일을 당했을 때, 기가 차거나 도저히 슬퍼 말을 제대로 하지 못할 때에도 그 감정들에 함께 반응을 하면서 같은 감정에 빠지게 되면 상대방에게 충분히 추임새와 같은 효과를 주게 된다.

형식적인 인사와 겉치레 안부는 성의가 없어 보인다

요즘의 10대들은 그렇지 않겠지만 30대 이상만 넘어가도

'형식적인 인사말'이 입에 배어 있는 경우가 많다. 바로 '식사는 하셨습니까?' 하는 인사말이다. 그런데 곰곰이 생각해보면 이 말처럼 형식적인 말도 그리 많지 않다. 한국 전쟁과 근대화 시기를 거치면서 '고깃국에 쌀밥'을 먹지 못했던 가난한 시기에 '식사는 하셨습니까?'라는 인사말은 정말이지 '진정성'을 가진 말로 통용될 수 있었다. 상대가 배를 곯지는 않았는지, 뭐든 잘 먹고 다니는지, 나아가 상대의 건강까지 염려해주는 세심한 배려가 있는 말이었기 때문이다.

그런데 가난하고 어려웠던 시기를 한참 지난 뒤에서도 그 말이 여전히 인사말로 쓰이고 있다는 것은 때로 아이러니하게 보인다. 물론 흔히 '다 먹고 살기 위해 하는 일 아니냐'라는 우스갯소리도 있듯이 '먹는 문제'는 우리에게 매우 중요할 뿐만 아니라, 삶의 즐거움에서도 큰 부분을 차지하는 것이 사실이다. 그러나 아무리 그대로 아직까지도 식사에 관한 대화가 인사말이 될 수 있다는 건 지나치게 재미없고 형식적인 것이 사실이다.

인사말 하나에도 제대로 신경을 쓰는 세심한 매너가 필요하다. 상대방의 상황에 맞춰, 그리고 정말이지 상대방을 생각하고 걱정하면서 건네는 인사말이야말로 자신의 진심을 전달할 수가 있다. 그렇지 않고 오히려 형식적인 말로만 일

관할 때는 '무관심한 사람' 혹은 '늘 겉치레에 익숙한 사람'
이라는 이미지를 줄 수 있다.

최근 상대가 겪은 경사에 대한 축하, 혹은 상대의 좋지 않
은 일들에 대한 걱정 등 상대의 상황에 맞춘 인사말을 하는
것이 좋다. 이렇게 하기 위해서는 타인과 대화를 하기 전에
타인에 대해서 충분히 생각하는 시간을 가져야 함은 물론일
것이다. 필자가 아는 한 기획자는 늘 사람들을 만나기 전에
무슨 말을 할지 생각한다. 그리고 상대와 자신의 관계에 맞
는 말을 미리 정리해서 간다고 한다.

도움이 필요한 후배에게는 힘과 용기를 줄 수 있는 말과
함께 어떻게 그 친구를 도와줄 수 있는지를 미리 구상하고
일상 생활이 지겨운 선배 직장인들에게는 생활에 활력을 불
어넣어줄 수도 있는 재미있는 이야깃거리를 마련해간다. 그
래서 그 기획자는 늘, 어느 자리에서나 환영을 받고 주변 사
람들 모두가 믿고 따르며, 그와 함께 하는 시간을 기다리고
즐거워하게 되는 것이다. 준비, 그것은 인맥을 보다 확실하
게 다지는 매우 중요한 덕목이라고 할 수 있다.

칭찬과 사과, 확실하고 크게 말하라

유교주의의 영향을 받은 우리나라 사람들의 경우 '칭찬과 사과'에 그리 익숙하지 못하다. 앞서 언급했던 칭찬에 대한 지나친 겸손도 어쩌면 보수적인 유교적 문화에서 어느 정도 영향을 받았다고 해도 과언은 아닐 것이다. 특히 우리는 칭찬과 사과에 대해서 외국인에 비해 익숙하지 않는 경향이 있다. 비록 그것이 형식적이라고 하더라도 외국 사람들의 경우 때로는 과하다 싶을 정도의 칭찬을 하기도 하고 그 칭찬으로 인해 서로 더욱 친밀한 관계를 만들어 가고 상대에게 용기를 북돋워주기도 한다. 그리고 사과에 있어서도 마찬가지다. 자신이 잘못한 사안에 대해서는 아주 명확하고 솔직하게 사과를 하고 넘어가는 경우가 많지만, 우리는 이 사과에 대해서는 조금은 선입견을 가지고 있다. 사과를 한다는 것이 마치 자기 자신을 부정하는 행위가 되는 것처럼 심각하게 생각해서 제때에 사과를 하지 못하고 그래서 결국에는 더 큰 문제를 발생시키기도 한다.

그러나 사람들과의 관계를 돌이켜 보면 사과만큼이나 솔직하고 진실한 것이 많지 않다. 또한 자신의 잘못을 어물쩍 넘어가려는 것보다 비굴한 일도 없다. 자신의 잘못은 인정하고 당당하게 타인에게 고개를 숙일 수 있을 때, 진정 그것이 용기 있는 행동이고 또한 타인에게 오히려 더 큰 신뢰를 받을 수 있는 계기가 될 수 있다. 따라서 사과를 할 때에 오히려 더 큰 소리로, 더 솔직하게 하는 것이 좋다. 그러나 사과에도 방법이 있다. 잘못된 사과는 '내가 잘못했지만, 너도 잘못한 점이 있다'고 말하는 것이다. 객관적인 상황이야 어떻게 됐든 간에 이러한 양비론은 진정한 사과의 의미를 퇴색하게 만드는 것이 사실이다. 설사 상대가 잘못한 것이 있다고 하더라도 사과를 할 때만큼은 완전히 자신을 내려놓고 사과를 하는 것이 좋다. 이렇게 하면 상대에게 굳이 말하지 않더라도 상대 역시 자신의 잘못을 솔직하게 시인하는 경우가 많다.

칭찬도 마찬가지다. 타인이 잘되는 것을 배 아파하고 뒤에서 헐뜯는 것보다는, 앞에서 칭찬하고 그 성과를 마음으로나마 함께 나눌 수 있는 것이 인맥 관계에서의 진정한 도리가 아닐 수 없다.

거절과 부탁은 구체적이고, 확실하게 한다

우리나라 사람들에게 또 하나 부족한 센스가 있다면 그

것은 '거절'에 관한 것이다. 사실 거절이라는 것이 사람과의 관계에서 매우 말하기 껄끄럽고 불편한 사항임에는 틀림없다. 하지만 이 거절이라는 것 역시 주어진 상황에서 하지 않으면 더 큰 문제점을 발생시킨다. 예를 들어 이는 '해석'의 문제에 연관되기 때문이다. 상대는 '좀 더 생각해 봅시다'라고 말을 하면서 자신의 거절 의사를 밝혔다고 생각하지만 정작 그 말을 들은 상대는 '정말로 좀 더 생각해볼 모양이다'라고 생각하고 초조하게 기다리고 또 다른 가능성을 포기함으로써 결과적으로 상대방에게 좋은 않은 기억을 갖게 마련이기 때문이다. 애초에 제안을 받은 쪽에서 확실하게 말해주었다면 상대방은 일찌감치 포기하고 다른 가능성을 알아볼 수도 있었지만 이러한 가능성마저 원천적으로 차단되는 것은 그리 썩 기분 좋은 일이 아닌 것만큼은 틀림없다. 거절에는 여러 가지 스킬이 있을 수 있겠지만 가장 좋은 것은 '내 능력 밖의 일이다'라는 식의 말과 '당신의 제안 자체는 좋지만 나, 혹은 우리 회사와는 잘 맞지 않은 부분이 있어 다른 곳을 찾아보는 것이 더 나을 것이다'라는 말이다. 이렇게 하면 어느 정도 책임도 회피할 수도 있고 상대방에게 명확한 거절 의사를 보여줄 수 있는 일석이조의 장점이 있다.

거절과 반대로 부탁을 할 때에도 지켜야할 것이 있다. 부탁을 할 때는 뭔가 구체적이고 확실하게 해야 한다. 때로 우리들에게 '부탁'이란 좀 어두운 이미지로 남아 있는 경우도 있다. 실제적으로는 별로 관련이 없음에도 불구하고 '청탁'이나 '로비'와 같은 이미지가 연상되기 때문이다. 따라서 부탁을 할 때에는 상대에게 부담이 가지 않는 선에서 구체적으로 무엇을 어떻게 도와달라고 한정을 지어주는 것이 좋다. 그래야 상대가 자신이 할 수 있는 일인지 아닌지를 정확하게 판단을 할 수 있기 때문이다.

거절과 부탁은 자존심을 상하지 않게 하는 범위 내에서 최대한 구체적이고 확실하게 하는 것이 좋다. 그래야 '뒷말'이 나오지 않기 때문이다. 이 좋지 않은 '뒷말'은 두고 두고 사람들의 입에 오르내려 당신에 대한 부정적인 이미지를 형성시킬 가능성이 있다.

반론을 펼 때에는 말조심을 해야 한다

회의나 대화, 또는 사적인 견해를 밝힐 때에도 서로 의견이 다른 경우가 있다. 민주주의 사회에서 의견이 다르다는 것은 오히려 더 건강한 것이라고 할 수 있다. '만장일치'라는 것은 있을 수도 없고, 만약 그것이 있다면 오히려 부정적인 것이 틀림없기 때문이다.

우선 대화를 해 나가는 과정에서는 서로의 의견차이가 있다고 하더라도 가능하면 최대한 불필요한 논쟁을 삼가는 것이 좋다. 아무리 얘기해봐야 결론이 나지 않는 이야기들을 머리 아프게 논쟁을 하는 경우를 흔히 볼 수가 있다. 서로의 기운만 빼고 나쁜 감정만 남기는 일을 굳이 할 필요는 없을 것이다.

하지만 회의나 공적인 이야기를 할 때에는 반론을 펴거나 반대의사를 명확하게 할 필요가 있는데, 이때 주의할 점은 '상대를 부정하는 듯한 인상'을 주어서는 안 된다. 예를 들어 A라는 사람이 어떤 주장을 했을 때 그것에 대한 반대의견을 낸다며 'A의 말은 받아들일 수 없다'라거나 'A의 말은 올바른 것이 아니라'라고 말해서는 안 된다는 점이다. 정작 중요한 것은 A가 아니라 'A의 의견'이기 때문에 A라는 사람의 인격을 그의 의견과 한꺼번에 싸잡아서 부정을 해서는 안 된다. 따라서 구체적으로 'A'라는 이름을 거명하는 것도 될 수 있으면 피해야할 일이라고 할 수 있다.

상대방의 의견에 반론을 펼 때에 또 하나의 안전장치는 상대방의 말을 '일부분' 긍정하는 것이다. '그 말도 일리가 있지만', 혹은 '한편으로는 긍정적인 부분이 있지만', '맞는 말이기도 한데' 라는 식으로 보다 자연스럽게 의견을 개진하다보면 상대도 기분이 덜 나쁘고 자신의 의견도 더욱 신뢰성을 얻을 수 있다. 결국 중요한 것은 반대의견을 낼 때에 상대의 자존심을 상하게 해서는 안 된다는 점이라고 할 수 있다. 일단 상대가 기분 나쁘게 되면 당신이 주장하는 내용에 대해서도 기분 나쁘게 무시하며 감정적인 반론을 펼 수도 있기 때문이다. 이렇게 되면 더 이상 생산적인 결론이 나오기는 힘들고 오직 성과 없는 '격론' 만이 남을 뿐일 때도 있다.

나이가 적다고 함부로 반말을 하지 마라

사람들은 만나다 보면 자신보다 나이가 많은 사람도 있고 때로 나이가 적은 사람도 있다. 우리는 '나이' 라는 것에 대해서 지나치게 권위적인 생각을 많이 가지고 있는 편이어서 자신이 나이가 많으면 무조건 '형님' 이나 '오빠' 라는 호칭을 들어야 하며 또한 거기에 걸맞는 대접을 받아야 한다고 생각한다. 물론 세상을 더 많이 살았기에 당연히 그런 대접을 받아야 하고 나아가 호칭이라는 것 역시 사람과 관계에 걸맞게 쓰

여야 하는 것은 틀림없는 사실이다. 그러나 처음 만나는 관계, 혹은 몇 번 만나서 친해지지도 않은 상태에서 형님과 동생의 관계를 은연중에 과시하며 나이가 어린 사람에게 반말을 쓰는 경우도 있다. 하지만 비즈니스 관계에서는 특히 이런 점에 주의할 필요가 있다. 나이가 많아질수록 자신에 대한 자존심이 높아지는 경우가 많지만, 설혹 자신보다 2~3살이 어리다고 하더라도 결코 능력 면에서 뒤지지 않는 경우도 많고 때로 특정 부분에 있어서는 나이 많은 사람을 뛰어넘는 경우도 있다. 이런 상황에서 무작정 나이로만 '밀어 붙이려는' 성향은 아랫사람의 반발을 살 수 있는 것은 물론이고 때로 그 사람을 회피하는 경우도 생긴다.

아랫사람이 먼저 나서서 '말씀을 낮추세요'라고 할 때까지는 지속적으로 존댓말을 써주어야 하는 것은 물론이고 나중에 실제로 말을 놓았다고 하더라고 이름을 부를 때만큼은 '씨(氏)'라는 붙여주는 것이 기본적인 매너에 속한다. 10~20대의 젊은 사람들도 아니고 30~40대의 어엿한 중견 사회인들에게 '00야'라고 마치, 친구 부르듯 부르는 모습도 그리 썩 보기 좋은 모습은 아니기 때문이다. 필자가 아는 한 기업인의 경우 사석에서는 허물없이 지내는 둘도 없는 친구라고 할지라도 잘 모르는 사람이 있거나 공식적인 자리

에서는 반드시 서로에게 '씨' 자를 붙여주면서 매너를 보여
준다. 함께 있는 사람들이 보기에도 아름다운 모습임에 틀
림없다.

전문 용어나 외래어의 남발은 피해야 한다

사회가 점차 세분화되고 전문성이 중요해지고 있는 가운
데, 각 분야별로 전문 용어를 많이 사용하는 경우가 많다. 물
론 같은 업계의 사람들끼리는 오히려 전문 용어를 사용하는
것이 더 이해도 쉽고 빠르지만 그렇지 않은 다른 업종이나
직종에 있는 사람들이 있을 때는 전문 용어는 가급적 피하는
것이 좋다. 타인들이 이해하지 못하는 자신들끼리만의 전문
용어는 상대방을 대화에서 배제하는 듯한 느낌을 줄 수 있고
또한 대화에 대한 몰입을 방해하기 때문에 전반적인 분위기
자체를 해치게 된다. 또 때로는 위화감마저 주기 때문에 타
인들과의 융화가 쉽지 않을 때도 있다.
　지나친 외래어의 남발도 주의해야 한다. 우리나라 말로 도
저히 표현하는 말 자체가 없거나 혹은 외래어로 했을 때에만
그 의미가 제대로 살아나는 말일 경우에는 어쩔 수 없이 외래
어를 사용해야 하겠지만 그렇지 않은 경우에 사용하는 외래

어는 오히려 부정적인 이미지를 주게 된다. 특히 심한 경우에는 조사와 술어를 제외하고는 거의 다가 외래어를 사용하는 극단적인 경우도 있다. 자신이 스스로를 보기에는 상당히 지적으로 보일지는 모르지만 남들이 볼 때는 우스워 보이는 경우가 많다.

이를 위해서는 자신의 언어습관을 곰곰이 분석해보는 것도 필요하다. 가능하다면 평소 친한 사람에게 자신의 언어습관에 대한 의견을 들어보는 것도 좋은 일이다. 언어습관이란 워낙 익숙해져 있는 것이기 때문에 자신도 채 모르는 상황에서 발설이 되는 경우가 상당수이기 때문이다.

대화는 온몸으로 하는 커뮤니케이션이다

대화는 말로만 하는 것이 아니다. 말은 그저 구체적이고 자세한 정보를 묘사하는 하나의 수단일 뿐, 진정한 커뮤니케이션은 바로 온몸으로 한다고 해도 과언이 아니다. 이 '온몸'의 범위에는 눈빛과 얼굴 표정, 그리고 각종 제스처까지 포함한다. 진지한 눈빛과 열정적인 표정, 그리고 자신의 말을 형상화 시켜주는 다양한 제스처는 상대방의 집중과 몰입을 극대화시키고 자신이 전달하고자 하는 바를 최대한 강력하게 전달할 수 있는 기능을 가지고 있다. 이는 교회에서의 설교 장면을 자세히 관찰하다보면 쉽게 알 수 있다. 특히 부흥회와 같은 긴장된 분위기 속에서 목사님은 단지 가만히 서서 입으로만 설교를 하는 것이 아니다. 그는 신도들을 강렬하게 쏘아보고 때로 하늘을 쳐다보고 때론 슬픈 눈빛을 한다. 얼굴 표정 역시 그때 그때 마다 '천변만화(千變萬化)'를 거듭한다. 제스처는 한결 더하다. 연단을 내리치거나 커다란 원을 그리거나 때로는 두 손을 모아 기도를 하는 듯한 간절함을 보여준다. 그 설교를 듣는 이는 그의 다양한 의사소통의 방식에 대해서 집중하지 않을 수 없게 되고 결국에 감동이 되고 마는 것이다.

대화도 마찬가지다. 그것은 자신의 온몸으로 상대를 설득시키고 감동을 주기 위한 하나의 열정적인 설교가 되어야 한다. 그럴 때 상대는 표면적인 묘사와 설명을 넘어서 상대의 진심에까지 접근할 수 있게 되고 이는 생각보다 큰 결과를 낳을 수 있도록 도와준다.

이러한 온몸으로 하는 커뮤니케이션이 약하다면 우선 관찰에서부터 시작하는 것이 좋다. 타인이 어떤 방식으로 의사소통을 하고 있는지, 혹은 그것이 자신에게 설득적인지, 혹은 그렇지 않은지를 면밀하게 분석해보면서 자신의 취향에 맞는 스타일을 가져오면 보다 쉽게 익힐 수 있을 것이다.

말하기보다 더 중요한 것은 '듣기'다

흔히 사람들은 대화에서 중요한 것이 '말하기'라고 생각한다. 그래서 말하기의 방법에 대해서 많은 것들을 배우기 위해 노력하기도 한다. 그러나 본질적으로 보자면 대화에서 가장 중요한 것은 말하기보다는 듣기라고 할 수도 있다. 듣기는 상대방의 말에 진심으로 귀 기울여 줌으로써 오히려 상대가 나에게 더욱 더 다가오게 하는 효과를 가져다준다. 이는 거꾸로 생각하면 금방 이해할 수가 있다. 내가 누군가에게 무슨 이야기를 하고 있는데 상대가 딴청을 피우거나 다른 생각을 하고 있는 듯한 분위기를 보인다면 더 이상 대화를 하기가 싫어진다. 그리고 그때부터는 마음의 문을 닫게 되고 상대방의 말에도 제대로 귀를 기울이지 않는다. 이렇듯 '듣기'를 제대로 하지 않으면 결과적으로 나의 '말하기'도 제대로 인정받지 않게 된다.

또한 '듣기'는 상대의 말을 정확하게 파악할 수 있는 다양한 정보를 입수할 수 있는 계기를 준다. 사실 말이라는 것이 '아' 다르고 '어' 다른 것이기 때문에 같은 말을 하더라도 상대가 어떤 배경에서 말을 하는지, 그리고 어떤 의도에서 그런 말을 하는지에 따라서 표면적으로 같은 말이라도 그 의미는 전혀 다를 수 있다. 이런 점에서 상대의 말을 충분히 듣지 않은 상태에서 자신의 의견을 섣불리 표명하는 것은 상대와의 대화에 있어서 코드를 제대로 맞히지 못하는 결과를 초래하게 되고 결국 '어긋난 대화'로 끝을 맺게 되는 것이다.

이렇게 본다면 '듣기'는 결코 타인을 위한 것이 아니라 자기 자신의 '말하기'를 위한 하나의 중요한 경로가 되고 보다 강력한 설득력을 갖기 위한 전제 조건이 되는 셈이다.

솔직함은 큰 힘을 가지고 있다

대화는 솔직할수록 더욱 큰 힘을 가진다는 특성을 가지고 있다. 자신의 말을 무언가로 자꾸만 포장하려 들면 필요 없는 미사여구와 수식어를 계속 동원해야 하고 이는 또 다른 포장기술을 요구하게 된다. 이렇게 되면 결국 알맹이는 어디에 있는지 헷갈리게 되고 결국에는 의미 없는 말과 내용 없는 대화만이 남게 된다. 중요한 것은 상대방도 이런 것을 모두 알아챌 수 있기 때문에 오히려 좋지 않은 이미지를 주게 된다는 점이다.

솔직담백한 말은 오히려 상대의 마음 깊은 곳을 감동시키는 경우가 많다. 그래서 때로 많은 사람들이 현란한 장문(長文)의 글보다는 짧은 격언에서 더 큰 지혜를 깨닫기도 하는 것이다. 격언은 단 한 줄의 문장에 불과할지 모르지만 '솔직함'을 미덕으로 많은 사람을 감동시킨다.

그리고 이러한 솔직함이 주는 또 하나의 효과는 상대방과 자신의 감정적인 이입을 가능케 한다는 점이다. 사실 따지고 보면 사람들은 모두 사는 곳과 직위, 경제적인 풍요가 다르지만 마음의 심층에 있는 본능적인 감정과 심리는 거의 동일하다고 할 수 있다. 솔직담백한 대화는 바로 이러한 본능적인 감정과 심리를 자극하는 말이기 때문에 상대방에게 거부감을 주기 보다는 오히려 진심어린 동감을 이끌어내게 되고 더불어 자신과 비슷한 생각, 비슷한 감정을 가지고 있는 사람으로 생각하고 보다 친밀하게 되는 경우가 많다.

그리고 이러한 솔직함은 말하기 어려운 주제에 대해서 더 큰 힘을 발휘하는 경우가 많다. 예를 들어 동업을 하고 있는 경우라고 한다면 서로의 수익에 대해서는 민감하기 때문에 말을 꺼내기가 쉽지 않다. 또 동업까지는 아니더라도 친한 사이에도 가끔씩 일을 하게 되는 경우가 있는데 그때도 돈에 대한 이야기는 그리 쉽지는 않다. 하지만 오히려 이럴 때 툭

터놓는 솔직함을 발휘한다면 상대도 마음을 열게 되고 대화
역시 한결 편하게 진행될 수가 있다.

어려울 주제일수록 멀리 돌아가려고 하면 더 말이 꼬이
고 상황은 복잡하게 전개되는 경우가 많다. '단순한 것이
아름답다' 라는 말도 있듯이 직설적이고 솔직한 이야기가
생각보다 큰 효과를 가져 온다는 사실을 잊지 말아야 할 것
이다.

자신이 지루한 대화를 하고 있지 않은지 돌아보라

대화에 있어서 가장 피해야 할 것은 바로 대화 자체를 혼
자서 지루하게 끌고 가는 방식이다. 특히 말하기를 좋아하
는 사람들에게 이러한 성향이 나타나곤 하는데, 이는 본질
적으로는 상대방에 대한 배려의 문제이기도 하거니와 더불
어 주변머리가 없는 자신을 노골적으로 드러내는 좋지 않은
습관이기도 하다.

그런데 말을 하다보면 스스로 자신의 말에 자신이 취하는
경우도 있다. 일단 말을 하게 되면 그 말이 꼬리에 꼬리를 물
게 되고 한 가지 이야기에서 파생되는 이야기들이 또다시 나
오게 된다. 이 정도가 되면 이제는 대화가 아니라 아예 '말의

미로' 속에서 헤매는 수준이라고 볼 수 있다. 그런데 이러한 '말의 미로' 혹은 지루한 대화는 정작 말을 하는 본인은 잘 깨닫지 못하는 경우가 많다. 한창 말을 하다보면 지금 자신이 어디로 가고 있는지 알아채기 힘들기 때문이다. 따라서 이러한 문제는 지속적으로 자신이 스스로를 반성해보는 방법밖에는 없다.

말이 많고 지루하다는 것은 상대방에 대한 배려심의 부족이기도 하고 이는 상대방에게 좋지 않은 인상을 심어주게 된다. 자신이 하고 싶은 말만 실컷 하는 사람은 대화를 함께하고자 하는 의지를 전혀 보여주지 않음으로써 이기적인 모습으로 비춰지게 되고 상대는 그런 모습을 달가워하지 않기 때문이다. 우리 사회가 상당히 '개인주의' 화 되었음에도 불구하고 '이기적인' 것에는 후한 점수를 주지 않는 것은 인지상정이라고 할 수 있다.

대화라는 것은 결국 '조화'의 문제이기도 하다. 대화량에 있어서도 그렇고 대화 내용에 있어서도 상대와 잘 조화가 되어야만 최상의 결론을 얻을 수 있는 것이기 때문이다.

상대를 긍정적으로 생각하라

대화를 하는 데 있어서 가장 중요한 하나의 태도가 있다면 그것은 바로 상대를 긍정적으로 생각하는 것이라 할 수 있다. 상대를 긍정하는 태도는 대화의 태도를 '전반적으로' 결정한다는 점에서 매우 중요하게 생각되어야 할 부분이다. 상대가 하는 태도, 말, 제안, 부탁과 거절을 모두 긍정적인 입장에서 생각하지 않으면 하나하나 꼬투리를 잡게 되고 그렇게 되면 오히려 기분 나쁘고 마음이 상하는 것은 정작 자기 자신이기 때문이다.

더불어 상대를 부정적으로 생각하고 있는 상태에서 나 자신이 하는 말이 긍정적일 수가 없다. 부정적인 생각에서 부정적인 말이 나가고 이렇게 되면 또다시 상대의 부정적인 반응밖에 기대할 것이 없다. 말 그대로 악순환이 연속되는 것이고 이렇게 되면 관계 자체도 오래 지속하지 못할 경우도 생긴다. 악순환의 반대로 '선(善)순환'이 있다. '가는 말이 고와야 오는 말이 곱다'라는 간단명료한 이 진실이 바로 선순환의 대표적인 사례라고 할 수 있다.

내가 상대를 긍정하는 마음에서 긍정적인 말을 하면 당연히 상대도 긍정적인 반응을 보이게 된다. 그러면 말하는 나

역시 또다시 긍정적인 분위기에서 대화를 끌어가게 된다.

이제까지 앞서서 했던 그 모든 커뮤니케이션 방법 중에서도 가장 중요한 한 가지를 꼽으라면 단연 이 마지막, '상대를 긍정적으로 생각하라'는 부분일 것이다.

이 역시 겉으로만 보기에는 상대를 위해서 하는 것 같지만 결국에는 자기 자신에게 도움이 된다. 세상 모든 사람들은 자신을 긍정적으로 생각해주는 사람에게 결코 일방적으로 부정적인 생각을 가지지 못한다. 그것에는 '자신이 대우를 받은 만큼 대우를 해주려는' 인간의 가장 기본적인 심리가 작용하기 때문이다.